KB269097

1일 1독

1일 1독

매일 읽는 중국 고전 — 김원중

민음사

백가쟁명의 시대에 살다 간 공자, 노자, 장자, 손자, 한비에서 명나라 시인 매지환에 이르기까지 옛 성현들이 풀어놓은 성찰의 지혜는 오늘날 우리 삶에도 유효한 지침으로 생생하게 남아 있다. 『논어』에서 군자불기(君子不器), 즉 "군자는 그릇이 아니다."라고 했듯이 옛 성현들의 도(道)를 담은 말과 글도 모양이 정해진 그릇처럼 일정한 용도에만 한정된 것이 아니라 시대 흐름에 따라 무한히 새로 읽히며 그 뜻을 넓히는 법이다.

나는 일종의 소명 의식을 가지고 지금까지 20여 년 동안 고전 연구에 매진해 왔다. 그 과정에서 나는 인간과 인간 사이에 존재하는 수많은 관계에서 벌어지는 갈등과 화해 속에서 쉼 없이 고뇌한 옛사람들이 남긴 성찰의 언어와 다양한 사고의 틀을 접할 수 있었다. 『한비자』를 통해 냉철한 시각과 현실 중심의 가치관을 보았고, 『사기』를 통해 갖가지 인간 군상의 성공과 실패, 희락과 애한을 보았으며, 『노자』를 통해 삶을 관조하며 느리게 사는 지혜를 배웠다.

고전은 기본적으로 인간 본연에 관한 이야기를 담고 있다. 한 단어, 한 구절 속에 늘 우리가 직면하는 문제들에 대한 실마리가, 촌철살인의 지혜가 감추어져 있다. 이 책에서는 고전을 읽으며 여전히 총총히 빛나는 성현들의 혜안을 빌려 보고자 한다. 하루 한 구절 아니, 며칠에 한 구절도 좋으니, 언제든 아무 데나 펼쳐 읽어도 의미가 있으리라. 단, 꼼꼼히 곱씹으며 옛사람들의 말을 음미해 보았으면 한다.

이 책은 2012년 4월부터 8개월 동안 《동아일보》에 '김원중의 한자로 읽는 고전'이라는 제목으로 매일 연재한 글을 수정하고 보완하여 책으로 엮은 것이다. 소중한 지면을 제공해 준 데 감사드린다.

이번에도 민음사에 신세를 졌다. 늘 자상하게 챙겨 주시는 박맹호 회장님께 깊은 감사를 드리고, 민음사 편집부 식구들에게도 고마운 마음을 전한다.

2013년 3월
반야산 기슭의 선효재에서
김원중

차례

작은 것을 보는 것을 밝음이라 한다

見小曰明 | 견소왈명
『노자』

　　『노자』 52장에서 "견소왈명, 수유왈강(見小曰明, 守柔曰强)", 즉 "작은 것을 보는 것을 밝음(明)이라 하고, 부드러움을 지키는 것을 강함(强)이라 한다." 라고 했다. 사소한 변화를 감지하는 명철한 지혜와 날카로운 통찰력을 의미 하는 말이다. '명(明)'이란 외부의 어떤 것이 아니라 자기 자신을 제대로 아는 명철함을 말한다. 작은 것을 본다 함은 자신의 시야에 갇혀 좁게 보는 것이 아니라 사물을 세심하게 감지함으로써 오히려 크게 보는 것을 일컫는 다. '견(見)' 역시 의도적, 능동적으로 보는 행위가 아니라, 통찰력이 있으면 저절로 보이는 피동성을 의미한다.

　　은나라의 마지막 왕으로 폭군의 대명사인 주왕(紂王)이 상아 젓가락을 만들자 그의 숙부인 기자(箕子)가 염려하며 말했다.

　　"상아 젓가락은 반드시 흙으로 만든 그릇에 사용할 수 없고 무소뿔이나 옥으로 만든 그릇에 사용할 것이다. 상아 젓가락에 옥으로 만든 그릇을 쓰면 반드시 채소 국을 먹지 않고 긴 털을 가진 소나 코끼리나 표범 고기를 먹게 될 것이다. 소나 코끼리나 표범 고기를 먹으면 반드시 베로 만든 짧은 옷을 입으려 하거나 초가집 밑에서 살려 하지 않을 것이다. 그러면 반드시 비단옷을 입고 구중궁궐이나 넓은 집과 높은 누대에서 살려 할 것이다. 나는 그 최후가 두렵기 때문에 상아 젓가락을 만든 처음을 걱정하는 것이다."

이 말을 들은 주왕은 반성하기는커녕 노여워하며 기자를 감옥에 가둬 버렸다. 심지어 5년 뒤에는 자기 마음에 들지 않는 자들에게 죄를 뒤집어 씌우고는 포락(炮烙)이란 형벌을 만들어 가하기도 했다. 구리 기둥에 기름을 발라 숯불 위에 걸쳐 달군 뒤 그 위로 죄인이 맨발로 걸어가게 하여 고통을 주다가 죄인이 미끄러지면 그대로 불에 타 죽게 하는 끔찍한 형벌이었다. 어디 이뿐인가. 기자가 예언했듯 주왕은 여인들을 품에 끼고 얼마나 술을 즐겼던지 술지게미가 언덕을 이룰 정도였다.

기자가 통찰해 낸 것처럼 모든 일의 조짐은 사소한 데서 드러나므로 주변의 미묘한 상황을 읽어 내는 세심한 관찰력이 필요하다. 어리석은 자와 지혜로운 자의 차이는 결국 큰 위기가 닥칠 가능성을 미리 아는가 모르는가에 있다. 화근의 싹을 미리 확인하고 대비하라.

세 번 나 자신을 살핀다

三省吾身 | 삼성오신

『논어』

“나는 날마다 세 번 나 자신을 반성한다. 다른 사람을 위해 도모하는 데 진심을 다하지 않았는가? 벗들과 사귀면서 믿음이 없었는가? 전수받은 것을 익히지 않았는가?(吾日三省吾身. 爲人謀而不忠乎. 與朋友交而不信乎. 傳不習乎.)”(『논어』 「학이(學而)」)

공자의 제자 증자(曾子)의 말이다. 증자는 이름이 삼(參)이고 자는 자여(子輿)이며, 공자보다 마흔여섯 살 어렸다. 비록 공문십철(孔門十哲, 공자 문하 10명의 철인들)에는 들지 않지만 송나라 때부터 주목을 받기 시작해 명 대에는 그 위상이 안회(顔回)를 능가할 정도였다. 그가 말한 삼성오신은 매일 자신을 살피는 수련으로 마음의 평온을 유지하는 철저한 자기 관리의 자세를 일컬으며, 오일삼성(吾日三省)이라고도 한다. 홀로 그 자신을 잘 보존한다는 의미인 독선기신(獨善其身)이라는 말과는 상반된다.

증자의 말에서 두 번째 구절은 어떤 일을 꾀할 때 성심성의로 임해야 하며 절대 다른 사람을 속여서는 안 된다는 뜻이다. 이 구절의 '충(忠)'이란 진심(盡心)을 다하는 것이며, 다음 구절의 '신(信)'은 신뢰를 말한다. 맨 마지막 구절에 관해서는 이설이 많다. "익히지 않은 것을 전해 주었는가?"라는 해석은 남북조 시대에 황간(皇侃)이 주장한 설로, 남에게 전해 주고자 한다면 먼저 자신이 제대로 익혀야 한다는 것이다. 일리가 없는 것은 아니나 여기에서는 "스승께 받은 것을 내가 익히지 않았는가?"로 풀이하는 것이 삼성오신과도 어울린다.

이 구절에 후배(제자), 친구, 스승을 차례로 대입하여 이해해도 그 뜻이 잘 다가온다. "후배(제자)를 이끌었는가? 친구를 믿었는가? 스승의 가르침을 흘려듣지 않았는가?" 공자는 늘 도전하는 자세의 후진을 목말라했다. 제자 증자가 말하는 삼성의 자세의 핵심 또한 가르침과 배움의 윤리이다.

이 외에도 『논어』에는 '성(省)'이란 글자가 여러 차례 나온다. 한 구절 더 음미해 보자.

"안으로 반성하여 꺼림칙하지 않다면 무엇을 근심하고 무엇을 두려워하겠느냐?(內省不疚, 夫何憂何懼.)"「안연(顔淵)」

먼 길을 곧은길로 삼다

以迂爲直 │이우위직

『손자병법』

　　이우위직(以迂爲直)은 먼 길로 돌아가면서도 곧바로 가는 것과 같은 효과를 내어 목표를 달성한다는 의미다. '우(迂)'는 구불구불하여 돌아가는 길이고 '직(直)'은 곧은길이니, 목적을 위해 수단은 얼마든지 바꿀 수 있다는 것을 말한다. 간단히 우직이라 하며, 우직지계(迂直之計)라고도 한다.

　　"군쟁 중에서 어려운 점은 먼 길을 곧은길로 삼고, 근심거리를 (오히려) 이로움으로 삼는 것이다. 따라서 그 길을 구불구불 가는 것처럼 하여 적을 이익으로 유인하면 나중에 출발한 군대가 먼저 도착하는 것이니 이는 우직지계를 안다고 하는 것이다.(軍爭之難者, 以迂爲直, 以患爲利. 故迂其途, 而誘之以利, 後人發, 先人至, 此知迂直之計者也.)"(『손자병법』「군쟁(軍爭)」)

　　손자의 말은 장수가 출병할 때 우회(迂廻)의 전략을 취함으로써 바로 적의 허를 찌르라는 것이다. 적의 눈과 마음을 빼앗아 아군의 기동을 눈치채지 못하게 하면 나중에 출발해도 먼저 도착할 수 있다. 적이 예측하지 못한 방향으로 기동하여 적보다 앞서는 것이다. 상대가 보기에 도무지 불가능한 기동을 택하는 것이 결과적으로는 전쟁의 승리로 이끈다는 말이다.

쌍방의 군대가 치열하게 맞붙는 전장에서는 먼저 기회를 잡아 유리한 장소와 시간을 장악하는 것이야말로 핵심이다. 적군과 아군 가운데 누가 먼저 유리한 지점에 도착하고, 유리한 시간에 상대를 공격하는가가 승패를 좌우하는 관건이라는 것이다. 유리한 시간이란 사기가 충만한 군사로 이미 지친 적을 상대할 수 있는 시간을 뜻하며, 유리한 지점이란 우세한 병력을 취약한 환경에 처한 적진에 투입하는 것을 뜻한다. 유리한 지형을 선점한다면 적을 견제하는 것은 쉽다. 물론 적의 예측을 뒤흔드는 변화무쌍한 전략과 전술이 우선 수립되어 있어야 할 것이다. 상황의 변화에 따라 무궁무진한 용병 기술의 중심어가 바로 우직지계이다.

부란 인간의 자연스러운 성정이다

富者人之情性 | 부자인지정성

『사기』

"부란 인간의 자연스러운 성정으로 배우지 않아도 모두 욕망하는 것이다.(富者人之情性, 所不學而俱欲者也.)"(『사기』「화식 열전(貨殖列傳)」)라는 구절에서 나온 부자인지정성은 경제적 풍요를 추구하는 것은 인간 본성의 자연스러운 발로라는 의미다. 사마천은 2000여 년 전에 이미 다음과 같은 진보적 경제관을 보여 주었다. 돈은 흐르는 물처럼 유통시켜야 한다. 물건은 시세 변동에 따라 새처럼 민첩하게 사고팔아야 한다. 돈을 벌 수 있다면 직업에 귀천은 없다. 사마천은 가난에서 벗어나 부자가 되는 길로는 농업이 공업만 못하고, 공업이 상업만 못하며, 비단에 수를 놓는 것이 저잣거리에서 장사하는 것만 못하다고 하여 당시 중농억상의 전통 관념 아래에서 말단에 있던 상업을 부를 얻는 최고의 길로 끌어올렸다.

사마천에 의하면 목장 주인과 과부가 천자의 대우를 받을 수 있었던 것도 부유함 때문이었다. 오지현(烏氏縣)에 사는 나(倮)라는 사람이 목축업에 종사해 큰 부자가 되자, 진시황은 그를 대우하여 봄과 가을마다 제후들과 함께 조회에 들게 했다. 또 파촉에 사는 청(淸)이라는 과부는 그 조상이 단사(丹沙)가 나는 동굴을 발견해 큰 부자가 되고 가업을 지키니 사람들이 함부로 대하지 않았으며 진시황이 누각을 하사할 정도였다.

"부유해지는 데는 정해진 직업이 없고, 재물은 정해진 주인이 없다. 능력이 있는 사람에게는 재물이 모이고, 능력이 없는 사람에게서는 기왓장 부서지듯 흩어진다. 천금의 부자는 한 도읍의 군주에 맞먹고, 거만금을 가진 부자는 왕자(王者)와 즐거움을 같이한다. (그들이야말로) 어찌 소봉(素封, 봉지나 작위 등이 없는 봉군(封君))이라고 일컬을 만한 자들이 아니겠는가? 아니 그런가?"(「화식 열전」)

그러니 당시의 속담에 "천금을 가진 부잣집 아들은 저잣거리에서 죽지 않는다."라고 했던 것도 이유가 있는 것임에랴.

남아 있는 복숭아의 허물

餘桃之罪 | 여도지죄

『한비자』

여도지죄(餘桃之罪)는 같은 행위일지라도 상대방의 심리에 따라 다른 반응이나 평가를 얻는다는 말로 『한비자』「세난(說難)」편에 나온다. 한비는 이런 비유를 들었다.

옛날 위(衛)나라에 미자하(彌子瑕)라는 미소년이 있었는데 임금의 총애를 받았다. 한데 위나라 법에는 임금의 수레를 몰래 타는 자는 발을 자르도록 되어 있었다. 어느 날 밤, 어머니가 병들었다는 소식에 미자하는 허락 없이 슬쩍 임금의 수레를 타고 나갔다. 한창 미자하를 총애하던 임금은 이 일을 듣고 어머니를 위하느라 발 잘리는 벌도 잊었다며 칭찬했다. 또 어느 날에는 미자하가 임금과 함께 정원에서 노닐다가 복숭아를 따서 먹었다. 맛이 아주 달아서 나머지 반쪽을 임금에게 먹으라고 주자, 임금은 미자하가 자신을 사랑하기 때문에 단 복숭아를 준다고 칭찬을 아끼지 않았다. 그러나 세월이 흘러 미자하의 미색이 쇠하자 임금의 총애도 식었다. 한번은 미자하가 임금에게 죄를 지었다. 이때 임금은 이렇게 말하며 벌을 내렸다.

"미자하는 본래 성품이 좋지 못한 녀석이다. 과인의 수레를 몰래 훔쳐 탄 적도 있고, 일찍이 먹던 복숭아를 과인에게 먹으라 한 적도 있다."

이 일화는 인간이란 그때그때의 감정이나 심리 상태에서 벗어나기 어렵다는 것을 보여 준다. 그러므로 군주에게 간언하려는 자는 먼저 군주가 자기를 사랑하는지 아니면 미워하는지 살펴보아야 한다. 한비는 미자하의 이야기 끝에 역린(逆鱗), 즉 군주의 노여움을 건드리지 않아야 성공적으로 유세할 수 있다고 충고한다.

조직 생활에서 성공하는 첫걸음은 사람들의 인심을 사는 일일 것이며 그중에서도 윗사람의 마음을 얻는 것이 중요하다. 그러나 예나 지금이나 '역린'을 살펴 윗사람을 설득하는 일은 쉽지 않은 일이다.

노반의 문에서
도끼를 가지고 희롱하다

班門弄斧 | 반문농부
구양수, 「여매성유서」

반문농부(班門弄斧)는 자신보다 실력이 현저히 앞서는 대가 앞에서 분수도 모르고 잘난 체를 한다는 뜻이다. 옛날 노반(魯班)이라는 이는 도끼를 다루는 재주가 뛰어났다. 그러니 노반의 집 대문 앞에서 도끼를 가지고 장난치는 일은 우습고 한심스러운 일이 아닐 수 없었다. 송나라 시인 구양수는 「여매성유서(與梅聖兪書)」라는 글에서 "지금 수록해 놓으니 노반의 문에서 도끼를 가지고 희롱하듯 가소롭고 가소롭구나.(今錄去, 班門弄斧, 可笑可笑.)"라고 했다.

명나라 때 시인 매지환(梅之煥)은 당나라 시인 이백이 만년에 유람하던 채석강(采石江)에 갔다. 이백이 술을 마시다가 물에 비친 맑고 고운 달을 보고는 달을 잡겠다고 물속에 뛰어들어 신선이 되었다는 전설이 남아 있는 곳이었다. 주변을 돌아보니 이백의 묘와 적선루(謫仙樓) 등 적잖은 명승고적이 있었다. 이날 매지환은 이백의 묘비에 많은 시문이 쓰여 있는 것을 보고는 그도 일필휘지하여 「제이백묘(題李白墓)」라는 시 한 수를 썼다.

채석강가에 한 무더기 흙이 있는데　　　采石江邊一堆土

이백의 이름은 천고에 드높다　　　李白之名高千古

이리저리 왔다 갔다 하며 시 한 수를 지으니　　　來來往往一首詩

노반의 문 앞에서 큰 도끼를 휘두르는 것 같구나　魯班門前弄大斧

　이백이 죽은 지 10년 후에 태어난 당나라 시인 백거이도 「이백묘(李白墓)」라는 시를 지었는데, 이 시의 첫 구도 "채석강변이백분(采石江邊李白墳)"으로 시작된다. 매지환이 이 시의 존재를 몰랐을 리 없을터. 백거이는 이백의 무덤 앞에 시를 짓는 것이 반문농부의 심정이었을 것이고 매지환도 마찬가지였으리라.

　이백은 술 한 말에 시 300편을 쓴다고 할 정도였던 자신의 시적 광기를 주로 절구(絕句)로 승화시켜 서정적인 필치로 주옥같은 작품을 많이 남겨놓았다. 매지환은 그런 이백의 무덤 앞에 시를 뽐낸 사람들을 비웃었지만 그 또한 호기롭게 시를 남겼으니 반문농부라 일컬을 만하지 않은가.

대장부란 마땅히 이렇게 해야 한다

大丈夫當如此 | 대장부당여차

『사기』

건달에서 훗날 황제가 된 한 고조 유방이 소싯적 수도 함양에서 부역을 살던 중 진시황의 행차를 보고 한탄하며 자신의 포부를 드러냈다.

"아아, 대장부란 마땅히 이렇게 해야 한다.(嗟乎, 大丈夫當如此也.)"

『사기』「고조 본기」에 의하면, 유방은 패현(沛縣) 풍읍(豊邑) 중양리(中陽里) 사람으로 성은 유(劉)이고, 자는 계(季)이다. 유방은 코가 높고 얼굴은 용을 닮았으며 수염이 멋지고 왼쪽 넓적다리에는 검은 점 일흔두 개가 있었다고 한다. 사람됨이 어질어 다른 사람을 사랑하고 베풀기를 좋아했으며 성격이 활달했다. 외상으로 술 마시는 것을 즐겼으며 취하면 아무 데나 드러누웠는데, 그럴 때마다 그의 몸 위에 용이 나타나는 것을 보고 사람들은 의아하게 생각했다. 게다가 유방이 술을 마시며 머물 때마다 술이 몇 배씩이나 더 팔렸으므로 주점에서는 항상 외상 장부를 찢어 외상값을 없애 주었다는 일화도 흥미롭게 전해진다.

요역을 할 만큼 비천한 삶을 살았고 이렇다 할 기반도 전혀 없었던 유방이 역사의 주역이 된 데에는 진나라 폭정에 항거한 진섭의 모반과 등 돌린 민심이라는 천시(天時)도 한몫했지만 무모하리만큼 당찬 그의 포부가 중요했다. 나이 쉰에 천하를 손에 넣고 그로부터 12년 만에 세상을 떠난 제왕 유방은 의심이 많아 개국 공신들을 배제하거나 척결하기도 하는 등 무자비한 면모를 드러냈던 것도 사실이다. 그러나 천하 통일을 꿈꾼 그에게 역이기, 소하, 장량, 한신 등 천하의 전략가들이 모여든 것은 결코 예사로 볼 일이 아니다. 그와 건곤일척의 승부를 겨뤘던 항우와는 분명 다른 점이 유방에게는 있었던 것이다. 무엇보다도 자신의 목적을 향한 불굴의 정신과 잡초 같은 근성을 보인 점이라든지 경청하는 자세로 다른 사람의 마음을 헤아리려 했다는 점, 또 능력 있는 자들을 적재적소에 쓰려고 노력한 점, 상황 변화에 능수능란하게 대처한 처세의 달인이었다는 점 등이 그를 마침내 제왕의 지위에 올려놓은 핵심 덕목이었다. 물론 이런 호평은 그가 최후의 승자라는 사실의 결과론적 해석이라는 측면도 배제할 수 없겠지만, 그는 분명 좋은 가문 출신의 항우가 단 한 번의 패배를 견뎌 내지 못하고 31세로 자살한 것과는 대비되는 입지전적인 인물임에 틀림없다.

군자는 그릇이 아니다

君子不器 | 군자불기

『논어』

공자는 『논어』, 「위정(爲政)」 편에서 군자(君子)를 정의하면서 '군자불기(君子不器)'라고 했다. '군자'는 학식과 유연한 사고를 두루 갖추고 있으며 사회적 위상보다는 도덕적 품성이 높은 사람이다. '불기(不器)'란 그릇이 아니라는 뜻이다. 종묘의 제사 그릇처럼 쓰임새와 크기가 정해진 것은 군자가 아니다. 군자불기는 곧 '대도불기(大道不器)'(『예기』 「학기(學記)」)이다. 큰 도는 세상의 이치를 꿰뚫고 '소소한 지식(小知)' 따위에 연연하지 않는 회통(會通)과 통섭(通涉)의 사유이다. 이것이 군자의 앎이자 실천이다.

공자는 뒤이어 '주이불비(周而不比)', 즉 '원만하지만 붕당을 이루지 않는'(「위정」) 사람이 군자라고 했다. '주(周)'는 도의(道義)를 통해 사람을 모으는 것으로 뒤에 나오는 '비(比)'와 상대적인 개념이다. 비는 붕당이고 작은 집단이며 작은 종파다. 무리에 섞이되 파벌을 만들지 않는 '화이부동(和而不同)'의 존재가 공자가 말하는 군자이다.

그릇은 크기가 정해져 있으므로 일정한 양밖에 담을 수 없는 데다가 단단하고 안팎을 구분하는 경계가 있다. 그릇들이 가지런히 모여 있으면 질서 정연해 보이지만, 수레에 싣고 험한 길을 달리면 깨질 수 있다. 마찬가지로 나라가 평온하고 순리가 잘 지켜지고 있을 때 그릇들은 각기 제 몫을 하지만 나라가 혼란하고 질서가 없을 때는 시끄럽게 부딪치고 깨져 날카로운 도구로 변한다. 당나라 유지기(劉知幾)는 박식(博識)과 다문(多聞)을 군자의 덕목으로 보았다. 많이 배우고 견문을 넓혀야 욕망을 합리화하는 자기 안의 작은 그릇을 없앨 수 있으며, 또한 격식이나 과거에 얽매이지 않을 수 있다. 이렇다면 그릇이 크고 작음은 문제가 되지 않는다. 그릇이 아무리 크다한들 경계가 사라지는 것은 아니다. 나를 가두는 틀을 부수며 편협되지 않고 두루 섭렵하는 융통성과 포용력을 지녀야 하지 않겠는가.

물고기의 즐거움을 알다

知魚之樂 | 지어지락

『장자』

　'자비어언지어지락(子非魚安知魚之樂)'의 준말로 호량지변(濠梁之辨)으로도 알려져 있는 지어지락은 사물을 인식하는 관점의 차이를 극명하게 보여 주는 말이다. 『장자』 내편과 외편을 통틀어 백미로 손꼽히는 「추수(秋水)」 편에 실린 만물제동설(萬物齊同說)과 관련된 일화에서 나왔다.

　장자가 당대의 변론가 혜자(惠子)와 함께 호수(濠水)의 다리를 거닐다가 문득 이렇게 말했다.

　"물고기가 나와서 유유히 노닐고 있으니, 이는 물고기의 즐거움이야."

　그러자 혜자가 물었다.

　"그대는 물고기가 아닌데 어떻게 물고기의 즐거움을 아는가?"

　이에 장자가 되물었다.

　"그대는 내가 아닌데 어떻게 내가 물고기의 즐거움을 알지 못한다는 것을 아는가?"

"본디 나는 그대가 아니니 그대를 모르네. 그대도 본래 물고기가 아니니 그대는 물고기의 즐거움을 알지 못하는 것이 분명하네."

혜자의 대답에 장자가 말했다.

"이야기의 근본으로 되돌아가 보세. 방금 그대가 내게 '그대가 어떻게 물고기의 즐거움을 아는가?'라고 물은 것은 내가 물고기의 즐거움을 안다는 것을 이미 그대가 알았기 때문이네. (그러니) 나는 호수의 다리 위에서 그 즐거움을 아는 것이지.(請循其本, 子曰 '汝安知魚樂' 云者, 旣已知吾知之而問我, 我知之濠上也.)"

장자의 친구인 혜자는 분석적 지성을 갖춘 자다. 그는 당당하고도 정연한 논리에 입각하여 장자의 사유에서 오류를 지적한다. 그런데 장자는 비슷한 논리로 맞서면서 논의의 차원을 확장한다. '물고기의 즐거움'을 두고 벌이는 장자와 혜자의 논쟁은 궤변처럼 보이기도 한다. 이성의 벽을 허물고 상식의 허를 찌르는 신축자재(伸縮自在)한 장자의 직관적 사유가 놀라울 따름이다. 하나의 관점만을 고집하지 않는 사고의 유연함이 필요한 오늘이다.

자신이 처한 곳에 달려 있다

在所自處│재소자처

『사기』

재소자처(在所自處)는 처세에 따라 인생이 결정된다는 말로 어떤 환경에서도 자신의 입지를 선택해야 한다는 뜻이다.

진시황을 도와 진나라의 체제를 완성한 인물로 평가받는 이사(李斯)는 초나라 사람으로 젊어서 순경(荀卿)에게서 제왕학을 터득했으나, 겨우 군(郡)에서 말단 관리로 세월만 축내고 있었다. 어느 날 그는 쥐 두 마리를 보고 삶의 이치를 깨달았다. 변소에 있는 쥐는 사람이나 개가 나타나면 깜짝 놀라 도망을 갔다. 그런데 창고 안에 있는 쥐는 쌓여 있는 곡식을 먹으며 사람은 안중에도 두지 않았다. 이를 보고 이사는 한탄했다.

"사람이 어질다거나 못났다고 하는 것은 비유하자면 이런 쥐와 같아서 자신이 처해 있는 곳에 달렸을 뿐이다.(人之賢不肖譬如鼠矣, 在所自處耳.)"(『사기』「이사 열전」)

생활 환경의 차이에 따라 어떤 이는 현자(賢者)나 군자(君子)가 되는데 어떤 이는 우민(愚民)이나 소인(小人)으로 전락할 수 있다는 것이다. 이를 깨닫고 곧바로 진나라로 향한 이사는 승상 여불위를 찾아가 그의 사인(舍人), 즉 집사가 되었고 여불위의 추천으로 진시황에게 소개되어 궁궐의 일을 총괄하는 장사(長史)의 자리에 올랐다. 그리고 그는 진시황의 절대적인 신임을 바탕으로 공을 세워 마침내 객경(客卿)이 되었다. 이 과정에서 기득권의 강력한 반발로 축객당할 처지에 몰린 이사는 "태산은 흙을 사양하지 않고 큰 강과 바다는 물줄기를 가리지 않는다.(泰山不讓土壤 河海不擇細流.)"라는 유명한 말을 남기며 인재 개방론을 주장해 위기를 벗어나고 진시황의 핵심 측근으로 거듭난다.

발분의 세월을 딛고 야망을 실현해 파란만장한 삶을 산 이사는 기회주의자의 전형이기도 하다. 진시황의 총신이었음에도 진시황 사후 유서 위조에 가담했다가 자신은 허리가 베이는 참혹한 죽음을 맞이하고 일족은 몰살되었으니 말이다. 그럼에도 그는 진시황을 도와 봉건 제도를 폐지하고 군현 제도를 실시하는 등 정치·경제·사상·문화 각 방면에서 일대 개혁을 단행한 시대의 인물이었다.

서른이 되어서는 자립했으며
마흔이 되어서는 미혹되지 않았다

三十而立, 四十不惑 | 삼십이립, 사십불혹

「논어」

"나는 열다섯에 배움에 뜻을 두었고, 서른이 되어서는 자립했으며, 마흔이 되어서는 미혹되지 않았고, 쉰이 되어서는 천명(天命, 하늘의 명)을 알게 되었으며, 예순이 되어서는 귀가 순해졌고, 일흔이 되어서는 마음이 하고자 하는 대로 따라도 법도를 넘지 않았다.(吾十有五而志于學, 三十而立, 四十而不惑, 五十而知天命, 六十而耳順, 七十而從心所欲, 不踰矩.)"(『논어』「위정」)

여기서 나온 삼십이립, 사십불혹은 서른이면 자신의 인생의 목표와 발전 방향에 따르고, 마흔에는 어떤 선택을 하더라도 후회하지 않고 미혹됨이 없이 일관되게 일을 추진해 나가는 것을 이른다. 공자가 말한 '지자불혹(知者不惑)'(『논어』「자한(子罕)」), 즉 지혜로운 자는 미혹되지 않는다는 말도 같은 맥락이다.

'입(立)'은 입덕(立德), 입언(立言), 입신(立身)의 의미를 담고 있는데, 중국의 저명한 학자 펑여우란(馮友蘭)은 '입'의 의미를 사사로운 것을 버리고 예의에 따라 행동하는 것으로 보았다. '자립'은 목표를 얼마나 제대로 세우고 실천을 얼마나 성실히 하느냐에 따르는 결과물이다. 자립은 성취의 지표이자 뼈아픈 반성의 지표이다.

서른에 자립하더라도 살다 보면 인생이 단순하지 않다는 걸 알게 된다. 그럴 때 더욱 정도(正道)를 걷고자 애쓰라는 것이 '불혹'의 가르침이다. 공자의 40대는 끊임없이 마음의 '혹(惑)'을 떼어 내는 과정이었다. 사마환퇴가 큰 나무를 쓰러뜨려 자신을 죽이려 했을 때도 굴복하고 싶은 혹을 떼어 냈고, 제자 자로가 "선생님, 군자도 이렇게 구차할 때도 있습니까?"라며 대들 때도 비참한 마음에 동의하고 싶은 혹을 떼어 냈던 것이다.

요즘 마흔이라는 말이 화두다. 삶의 절반을 살아온 이들이 자신의 삶을 한번 반추하고 성찰해 보려는 분위기가 반영된 것이리라. 시인 백거이도 "내 나이 불혹을 지났으니 물러나 쉬는 것도 정녕 이른 것이 아니다.(我年過不惑, 休退誠非早.)"(「망강루(望江楼)」)라고 했으니, 마흔은 삶의 중요한 전환기임이 분명하다. 그렇기에 '반생(半生)' 혹은 '중년(中年)'이라 일컫는 것 아니겠는가.

늙은 말의 지혜

老馬之智 | 노마지지

『한비자』

노마지지(老馬之智)는 젊음의 패기보다는 경험에서 나오는 지혜와 연륜이 더 소중할 수 있다는 의미로 『한비자』 「설림 상(說林上)」 편에 나온다. 한비는 다음과 같은 이야기를 예로 들었다. 기원전 663년 제나라 환공의 재상이었던 관중이 대부 습붕과 함께 고죽국(孤竹國)을 정벌하기 위해 떠났다. 상당히 오래 끈 싸움이어서 봄에 출병했으나 겨울에야 돌아오게 되었는데 그곳 지리에 어두워 전군(全軍)이 길을 잃고 말았다. 이때 관중이 말했다.

"늙은 말의 지혜는 쓸 만합니다.(老馬之智, 可用也.)"

그리하여 늙은 말을 풀고 그 뒤를 따라가 무사히 귀환할 수 있었다.

갖은 우여곡절을 겪은 관중이 명재상으로서 환공을 보좌하여 춘추오패가 되게 한 데에는 습붕과 같은 충실한 참모가 그림자처럼 도운 공로가 컸다. 그런데 환공은 관중을 끝까지 경계하고 그의 연륜과 경험을 오직 참모의 자리에서만 발휘하게 했다. 관중은 자신이 죽을 무렵 환공에게 습붕을 추천하며 이렇게 말했다.

"그는 안으로는 굳은 마음을 지녔고 밖으로는 예의가 바르며, 욕심이 적고 신의가 두텁습니다. 안으로는 마음이 굳건하므로 표준으로 삼을 만하며, 밖으로는 예의가 바르므로 큰일을 맡길 수 있습니다. 또 욕심이 적으므로 백성들을 다스릴 수 있고, 신의가 두터우니 이웃 나라들과 친교를 맺을 수 있습니다. 이것이 패왕을 보좌할 사람이 갖춰야 할 조건일 것입니다. 왕께서는 그를 쓰십시오."(『한비자』「십과(十過)」)

그러나 환공은 관중을 경계하는 마음 때문에 그가 추천한 습붕이라는 '노마'를 활용하지 않고 수조라는 환관을 기용했다가 불과 3년 만에 배신당했다. 환공은 반란자들에게 붙잡혀 굶어 죽었고 그의 시체는 석 달간이나 내팽개쳐져 구더기가 방에 넘쳐 날 정도였다고 한다.

마치 한비가 이야기 끝에서 내린 결론처럼 "지금 사람들은 자신의 어리석음을 알면서도 성인의 지혜를 본받을 줄 모르니 역시 잘못된 게 아닌가?"

적을 알고 나를 알면
백 번 싸워도 위태롭지 않다

知彼知己, 百戰不殆 | 지피지기, 백전불태

『손자병법』

지피지기, 백전불태(知彼知己, 百戰不殆)는 아군과 적군의 전력을 제대로 파악해야 결정적인 피해를 보지 않는다는 말이다. 자신의 전력을 과대평가하고 아전인수 격으로 해석하면 기고만장해서 상대를 무시하다가 낭패를 보기 일쑤니 삼가라는 경고다.

손자는 승리로 가는 다섯 가지 길의 첫 번째로 "싸워야 할 때를 아는 것과 싸워서는 안 될 때를 아는 것"(『손자병법』 「모공(謀攻)」)을 든다. 승리의 요건으로는 정확한 판단력이 가장 중요하다는 것이다. 이어 병력의 많고 적음에 따른 용병법, 장수와 병사의 심리 상태, 전쟁 대비성, 장수에 대한 군주의 무한한 신뢰 등을 거론한다. 이 다섯 가지에 대한 철저한 분석이 뒷받침되지 않으면 싸움에 나서 봤자 위험에 빠질 수밖에 없다는 것이다. 적어도 손자에게 전쟁이란 "나라의 중대한 일이고, 죽음과 삶의 문제이며, 존립과 패망의 길"(『손자병법』 「계(計)」)이므로 철저한 준비가 필요하다.

　상대를 알고 나를 알아야 한다는 말은 역으로 상대를 모르고 나를 모른 채 전쟁터로 달려가는 경우가 더 많다는 것이 아니겠는가? 그래서 손자는 이렇게 결론짓는다.

　"적을 알지 못하고 나만 알면 한 번은 이기고 한 번은 지게 될 것이며, 적을 알지 못하고 나도 알지 못하면 싸울 때마다 반드시 위태롭게 될 것이다.(不知彼而知己, 一勝一負; 不知彼不知己, 每戰必殆.)"(「모공」)

　적군과 아군의 객관적 조건은 겉으로 드러나는 것처럼 보인다. 그러나 보이는 것은 빙산의 일각이어서 감추어진 전력이 무서운 파괴력을 가지고 있을 수도 있다. 용병을 하는 장수는 전장에서 쓸데없이 명분을 다투거나 허세를 부리다가 결국 패망에 이르는 것을 경계하라는 충고다.

천 번 생각하면
한 번은 터득한다

千慮一得 | 천려일득

『사기』

아무리 어리석은 사람도 천 번 생각하다 보면 한 번 정도는 취할 만한 생각을 한다는 의미인 '우자천려, 필유일득(愚者千慮, 必有一得)'을 줄여 천려일득이라 한다. 천려일실(千慮一失)과는 반대되는 말이다.

『사기』「회음후 열전」에 이런 이야기가 있다. 한나라 대장군 한신이 조(趙)나라 군대 20만 명을 배수진을 쳐 물리치고 명장 이좌거(李左車)를 사로잡았다. 이좌거의 역량을 아는 한신은 그에게 북쪽 연나라와 동쪽 제나라를 이길 수 있는 방법에 관해 의견을 구했으나, 그는 "패배한 장수는 용기를 말하지 않는다.(敗將不可以言勇.)"라는 말만 하면서 좀처럼 마음을 열지 않다가 마침내 이렇게 말했다.

"신이 듣자니, '지혜로운 사람도 천 번 생각에 한 번의 실수가 있을 수 있고, 어리석은 사람도 천 번 생각에 한 번은 얻음이 있을 수 있다.(智者千慮, 必有一失; 愚者千慮, 必有一得.)'라고 합니다. 그래서 '미치광이의 말도 성인은 가려서 듣는다.'라고도 합니다. 신의 계책이 반드시 채용될 만한 것은 못 되지만 그래도 충심껏 아뢰겠습니다."

이좌거의 말은 겸허한 듯하면서도 스스로에 대한 대단한 자부심이 깔려 있다. 이좌거는 왜 마음의 문을 열었을까? 바로 한신의 이 말 때문이었다.

"내가 들은 바로는 현인 백리해(百里奚)가 우(虞)나라에 살 때는 우나라가 망하였으나, 진(秦)나라에 있자 진나라가 제후들의 우두머리가 되었다고 합니다. 백리해가 우나라에 있을 때는 어리석은 사람이다가 진나라에 가니 지혜로운 사람이 된 것이 아닙니다. 군주가 그를 등용했는지 등용하지 않았는지, 또 그의 말을 받아들였는지 받아들이지 않았는지에 달렸을 뿐입니다. 만약 성안군이 당신의 계책을 들었더라면 나 같은 사람은 이미 포로가 되었을 것입니다. 성안군이 당신을 쓰지 않았기에 내가 당신을 모실 수 있게 되었을 뿐입니다. 마음을 다하여 당신의 계책을 따르겠으니 부디 사양하지 마십시오."

곤궁해도 더욱 굳세어야 한다

窮當益堅 | 궁당익견

『후한서』

역경 속에서도 굳건한 마음을 지녀야 한다는 의미의 궁당익견(窮當益堅)은 마원(馬援)이 대장부의 자세를 일컬어 한 말이다. 『후한서』 「마원전」에 의하면, 전한 말 부풍군에 마원이라는 이가 살았다고 한다. 그는 어려서 글을 배웠고 무예에도 뛰어난 인재였는데 그저 소나 말을 기르며 살아가고 있었다. 마원은 장성하여 군수를 보좌하며 현을 감찰하는 독우(督郵)가 되었다. 그때 죄수를 호송하는 일을 맡았는데, 이런저런 하소연을 하는 죄수들에게 동정심을 느껴 그들을 풀어 주고 북쪽으로 도망을 쳤다. 그는 친구들과 담소하며 이렇게 말했다.

"대장부가 뜻을 세우면 곤궁해도 더욱 굳세어야 하며, 늙어도 더욱 씩씩해야 한다.(丈夫爲志, 窮當益堅, 老當益壯.)"

세상이 혼란스러워지자, 마원은 평범한 삶을 버리고 농서(隴西)의 외효(隗囂) 밑으로 들어가 대장이 되었다. 외효는 공손술(公孫述)과 손을 잡기 위해 마원을 그에게 보냈다. 마원과 고향 친구였던 공손술은 당시 스스로 황제라 일컫고 있었는데, 마원이 찾아왔다는 전갈을 받자 천자의 의관에 수레를 타고 으스대며 나타나는 것이 아닌가. 마원은 공손술의 변한 모습에 크게 실망하여 의례적인 인사만을 하고는 곧장 돌아왔다. 그러고는 외효에게 말했다. "공손술은 우물 안 개구리처럼 분수를 모르고 떠벌리기만 좋아하는 사람입니다."

그 뒤 마원은 광무제를 알현하게 됐다. 광무제는 마원을 만나자 성심성의껏 대접했으며 각 부서를 데리고 다니며 조언할 것이 있는지 물었다. 마원은 후한 대접에 감동해 외효에게 돌아가지 않고 광무제의 휘하에 있기로 결심했다. 마원은 복파장군(僕波將軍)이 되어 남방의 교지(交趾)를 평정했다. 얼마 뒤에 동정호 일대의 만족이 반란을 일으켜 광무제가 군대를 보냈으나 전멸하고 말았다. 이 소식을 들은 마원이 자신에게 군대를 달라고 청했으나 광무제가 나이가 너무 많아 원정이 무리라고 하자, 예순둘의 그는 말안장을 채우고 '노익장(老益壯)'을 과시했다. 광무제는 웃으면서 허락했고, 그는 결국 원정길에 올랐다.

016

오이 밭에는 신발을 들이지 말고
자두나무 아래에서는 갓을 바르게 하지 않는다

瓜田不納履, 李下不整冠 | 과전불납리, 이하부정관

조비, 「군자행」

위나라 조비(曹丕)가 「군자행(君子行)」이란 시에서 처음 과전불납리, 이하부정관(瓜田不納履, 李下不整冠)이라는 말을 썼는데, 군자는 미연에 방지하며, 혐의가 있는 곳에 머물지 않는다는 의미이다. 간단히 과전이하라고도 한다.

동진(東晉) 때 간보(干寶)가 지은 『수신기(搜神記)』 「가문합(賈文合)」 편에 의하면 전국 시대 제나라 위왕(威王)에게 우희(虞姬)라는 후궁이 있었다. 우희는 위왕을 지극한 성심으로 모실 뿐 아니라 나라의 앞날을 늘 걱정하는 속 깊은 여인이었다. 당시 제나라는 주파호(周破湖)라는 간신이 국정을 마음대로 휘둘러 나라가 제대로 다스려지지 않았고 민심도 불안한 상태였다. 보다 못한 우희가 위왕에게 주파호는 흑심을 품고 있는 나쁜 사람이니 관직을 박탈하고 북곽(北郭) 선생 같은 어진 선비를 등용하라고 했다. 우희가 자신을 제거하려 한다는 정보를 입수한 주파호는 되려 우희와 북곽 선생이 서로 좋아하는 사이라며 둘을 모함했다. 이를 곧이들은 위왕은 곧장 우희를 감옥에 가두고 관원에게 사실 여부를 조사하도록 했다. 주파호에게 매수당한 관원들은 우희의 죄를 꾸며 냈으나, 위왕은 관원들의 보고에 이상한 점이 있는 데다 그간 쌓은 정도 있어 직접 우희를 심문하기로 했다. 왕 앞에 끌려온 우희는 말했다.

"신첩은 10년 동안 한결같은 마음으로 왕을 모셨습니다. 그런데 불행히도 간신들의 모함을 받게 되었습니다. 신첩의 결백함은 푸른 하늘과 흰 해와 같습니다. 신첩에게 죄가 있다면 '오이 밭에는 신발을 들이지 말고 자두나무 아래에서는 갓을 바르게 하지 않는다.(瓜田不納履, 李下不整冠.)'라고 했거늘, 남에게 의심받을 일을 피하지 못했다는 것과 감옥에 갇혔는데도 변명해 주는 사람이 없다는 부덕함일 것입니다. 하지만 신첩에게 죽음을 내리신다 해도 변명은 하지 않겠습니다. 다만 주파호 같은 간신만은 쫓아내십시오."

위왕은 우희의 충심에 자신의 아둔함을 깨닫고는 곧바로 주파호를 삶아 죽이고 우희를 풀어 주었다.

017

말을 많이 할수록 자주 궁해진다

多言數窮 | 다언삭궁

『노자』

말을 많이 하면 막히게 된다는 의미인 다언삭궁(多言數窮)은 『노자』 5장의 "비어 있는데도 다함이 없고, 움직일수록 더욱 (바람 소리가) 나오는구나. 말을 많이 할수록 자주 궁해지니, (풀무나 피리처럼) 빈 속을 지키는 것만 못하다.(虛而不屈, 動而愈出. 多言數窮, 不如守中.)"라는 구절에서 나왔다. 자신을 과시하거나 구구절절한 논리로 주장을 관철하려는 것이 얼마나 어리석은지를 강조하는 말이다.

노자에게 천지(天地)로 대변되는 만물이란 자연스럽게 발전해 나가는 것이다. 이는 편견이나 편애가 없어야 한다는 의미로 이해된다. 다언삭궁은 뒤이어 나오는 '불여수중(不如守中)'과 비교하여 따져 봐야 하는데, '수중'이란 도의 본질적 차원을 추구하는 것이며 자의나 타의가 개입되지 않은 텅 빈 마음의 상태이다. 더 확장하면 인간의 희로애락이 겉으로 드러나지 않는 마음의 상태를 의미한다고 볼 수 있다.

노자가 보기에 말을 많이 하는 것은 유위(有爲)의 차원이기에 한계가 존재하며 늘 위기에 닥칠 수밖에 없다. 노자는 23장 첫머리에서도 '희언자연(希言自然)', 즉 말을 별로 하지 않는 것이 자연스러운 것이라고 했다. '다언'이란 바로 노자가 말한 '희언'과 반대되는 개념으로, 공자가 말한 '눌언(訥言)'이나 한비가 말한 '난언(難言)'이란 말과도 상반된다.

노자는 『노자』 2장에서도 '불언지교(不言之敎, 말 없는 가르침)'를 말한 바 있으니, 다언삭궁은 이 말과도 상통한다. 노자는 우리에게 비본질적인 데에 함몰되지 말고 자연의 본질에 접속하라고 이르는 것이다. 노자는 시종 '말'에 대해 냉소적이었다. 천지는 '자연(自然)', 즉 '저절로 그렇게 되는 것'에 맡겨 버리면 된다. 노자는 자신의 책 마지막 81장의 첫머리에도 이런 말을 남겼다.

"믿음직스러운 말은 아름답지 않고, 번지르르한 말은 믿음직스럽지 않다. 선한 사람은 말을 잘하지 못하고, 말을 잘하는 사람은 선하지 않다.(信言不美, 美言不信. 善者不辯, 辯者不善.)"

이렇듯 노자는 '미언'에 대해 부정적이었는데, 그 안에는 인위적인 가식이 들어 있기 때문이다. 노자가 말하고자 하는 말은 참된 언어요, 의식적으로 조작되지 않은 순수한 상태의 말이다.

어찌 되었든 도가나 유가나 법가나 모두 다변(多辯)을 주창하지 않은 것은 분명한 셈이다.

018

어기지 않는 것이 어리석은 것 같다

不違如愚 | 불위여우

『논어』

불위여우(不違如愚)는 『논어』 「위정」 편에 나오는 말로 공자가 안회와 온종일 대화를 하고 나서 내린 총평이다. '불위'란 주희의 설대로 '의부상배(意不相背)', 즉 뜻이 서로 어긋나지 않는다는 의미이니, 듣기를 좋아하고 말대꾸를 하지 않으며 이견이나 문제를 제기하지 않는 것이다. 안회는 스승인 공자와 논쟁하거나 자기주장을 펼치지 않았다.

"내가 회(안회)와 온종일 이야기를 나눴는데, 어기지 않는 것이 어리석은 것 같았다. 물러간 뒤 그가 홀로 지내는 것을 살펴보니 또한 (내가 해 준 말들을) 완벽하게 실천하고 있었다. 회는 어리석지 않다.(吾與回言終日, 不違如愚. 退而省其私, 亦足以發, 回也不愚.)"

자신과 함께 있을 때는 어기지 않는 것이 못마땅했으나, 안회가 하는 일거수일투족이 결코 어리석지 않았다는 것이다. '눌언민행(訥言敏行)'(『논어』 「이인(里仁)」), 말은 어눌하지만 행동은 민첩했던 어린 제자를 그토록 총애했던 것은 단지 '어기지 않는다'는 이유 때문이었을까? '불위'라는 말은 『논어』의 다른 편에도 있으니, "안회는 그 마음이 석 달 동안 인(仁)을 어기지 않았고, 그 나머지 사람들은 하루나 한 달 동안 (인에) 이를 뿐이다.(回也, 其心三月不違仁, 其餘則日月至焉而已矣.)"(「옹야(雍也)」)라는 문장이 그것이다.

안회는 왜 이토록 맹목적으로 공자의 말을 따르고 순종했을까? 안회는 공자보다 서른 살이나 어렸으니 한창 패기 넘치는 젊은이라면 때로는 스승의 말에 이의를 제기하거나 건설적인 비판을 할 수도 있지 않았을까? 공자가 안회의 자세를 '족이발(足以發)'이라 평가한 데에는 단순한 신임 이상의 의미가 배어 있다. 안회는 스승의 말을 들으면 그 의미를 이해하고 진일보한 해석을 내놓았으니, 비록 어린 나이지만 '이순(耳順)'의 경지에 다다랐다고 할 수도 있다. 혹은 태어나면서부터 안다는 성인의 경지인 '생이지지(生而知之)'에 도달했던 것인지도 모를 일이다.

안회가 불과 서른한 살(마흔한 살이라는 설도 있다.)에 요절했을 때, 공자는 "하늘이 나를 버렸구나!(天亡我!)"라고 한탄했다. 이는 교언영색하지 않고 안빈낙도하면서 청빈의 삶을 살아간 당대의 선비 안회에 대한 최고의 찬사가 아니었을까.

019

세 치 혀

三寸之舌 | 삼촌지설
『사기』

삼촌지설(三寸之舌)은 구변(口辯)이나 변설(辯舌)이 뛰어난 사람을 가리킨다. 삼촌설이라고도 한다.

기원전 257년 서쪽의 강국 진(秦)나라가 조(趙)나라 수도 한단(邯鄲)을 포위하자, 조나라 왕은 평원군(平原君)을 남방의 초나라로 보내 구원병을 요청하는 맹약을 체결하고자 했다. 평원군은 문무를 겸비한 인재 스무 명을 데려가기로 했는데 열아홉 명은 선발했으나 마지막 한 명이 문제였다. 이때 3년 동안 눈에 띄지 않던 식객 모수(毛遂)란 자가 나타나 자신을 알아주지 않는 평원군을 탓하며 자신은 주머니 속의 송곳(낭중지추(囊中之錐))이 아니라 송곳의 자루 수준이라고 호기롭게 자천(自薦)했다. 주머니는 평원군이고 자루는 물론 모수요, 송곳의 끝은 다른 식객들의 하찮은 재주를 뜻하는 것이었으니 무례가 하늘을 찌를 법했다. 평원군은 모수를 일행에 끼워 넣었다.

초나라 왕을 찾아간 평원군은 밤새워 담판을 벌였으나 오만 방자한 초왕의 태도로 인해 새벽까지 결말이 나지 않아 나머지 식객들은 초조하게 문밖에서 서성거릴 뿐이었다. 그러자 모수가 칼을 잡고 초왕에게로 달려가 이렇게 말했다.

"대왕의 태도가 너무나 무례합니다. 저와의 거리가 겨우 열 걸음에 불과하니 대왕의 목숨은 제게 달려 있습니다. 초나라 군대가 아무리 많아도 소용없습니다."

시간을 끌던 초왕은 모수의 한마디에 합종의 맹약을 체결하기로 결정했다. 모수가 돌아왔을 때 평원군이 말했다.

"나는 다시는 감히 선비를 고르지 않겠다. 내가 지금까지 고른 선비는 많다면 1000명이 될 것이고, 적어도 100여 명은 될 것이다. 나는 스스로 천하의 선비를 잃은 적이 없다고 생각해 왔다. 그런데 이번 모 선생의 경우에는 실수했다. 모 선생의 세 치 혀는 100만 명의 군사보다도 강했다.(三寸之舌, 彊於百萬之師.)"(『사기』「평원군·우경 열전」)

결국 평원군은 모수를 중용하여 상객(上客)으로 삼았다.

연횡가로 유명한 장의(張儀)의 '시오설(視吾舌)'이란 말도 내 혀를 보라는 뜻으로, 변설로 천하를 움직일 수 있음을 비유한다. 고조 유방을 만나 변설로 설득시킨 역이기나 적에게 사로잡힌 고조를 도운 후공(侯公)의 삼촌설 또한 유명하다.

020

만족을 알지 못하는 것보다
큰 재앙은 없다

禍莫大於不知足 | 화막대어부지족

『한비자』

화막대어부지족(禍莫大於不知足)은 무리한 욕심이 화를 부른다는 것으로 '지족(知足)'이란 자신의 분수를 알고 정해진 사안에 대해 만족감을 갖는다는 의미다. 「유로(喩老)」편에서 한비는 이런 이야기를 비유로 들었다. 지백(智伯)은 범씨(范氏)와 중항씨(中行氏)를 병합하고 조(趙)나라를 공격하려고 했으나, 한(韓)나라와 위(魏)나라가 등을 돌려 지백의 군대는 진양(晉陽)에서 패했다. 결국 지백은 고량(高梁) 동쪽에서 죽었고 그의 머리는 잘려 옻칠이 된 다음 요강으로 만들어졌으며 영토는 마침내 세 나라로 나누어졌다. 결국 지백의 무리한 욕심으로 인해 그 자신도 파멸의 길에 들었고 백성들마저 갈기갈기 찢기는 운명에 처하게 된 것이다.

한비는 또 하나의 사례를 든다. 초나라 장왕(莊王)이 황하와 형옹(衡雍) 사이에서 승리하고 돌아와 손숙오(孫叔敖)에게 상을 주려고 하자, 손숙오는 한수(漢水) 부근의 모래와 자갈이 있는 토지를 청했다. 당시 초나라 법은 신하에게 봉록으로 준 땅을 두 세대가 지난 후에 회수하도록 했는데, 오직 손숙오만은 땅을 계속 가질 수 있었다. 그 토지를 회수하지 않은 까닭은 그 땅이 척박했기 때문으로 이후 아홉 대까지 제사가 끊기지 않았다는 것이다. 손숙오의 처신은 무리한 욕심의 덧없음을 보여 주기에 충분하다. 욕심이 없을 때 화는 절로 피해지고 복이 굴러오기 마련이며, 마음을 비울 때 닥쳐온 위기도 차분하게 넘길 수 있는 법이다.

한편 이 말의 이면을 살펴보면 장기적인 안목으로 모든 것을 한발 물러서서 바라보라는 메시지도 있다. 상대방에게 취하고자 하는 것이 있으면 먼저 내 것을 주어야 한다는 한비의 말처럼 때로는 모습을 드러내지 않은 채 일을 시작하고 큰 공을 세우는 미명(微明)의 지혜를 발휘해야 한다. 여기에서 전제 조건은 한 걸음 물러나 자신을 낮추어야 한다는 것이다.

021

시골 사투리는 변함없으되
머리털만 희었구나

鄕音無改鬢毛衰 | 향음무개빈모쇠

하지장, 「회향우서」

향음무개빈모쇠(鄕音無改鬢毛衰)는 세월의 무상함을 뜻하는 말로 당나라 때 시인 하지장(賀知章)의 시 「고향에 돌아온 심정을 적다(回鄕偶書)」에 나온다. 하지장은 자가 계진(季眞)이며 스스로 사명광객(四明狂客)이라 불렀다. 당 현종 때 예부시랑이 되기도 했으나 만년에는 벼슬을 내던지고 고향으로 돌아가 도사(道士)가 되었다는 인물이다. 시선(詩仙) 이백을 하늘에서 귀양 온 적선인(謫仙人)이라 부르고 현종에게 추천하기도 했으며, 하지장 자신은 글씨에도 뛰어났는데 특히 초서와 예서에 능했다.

젊어서 고향 떠나 늙어서야 돌아오니	少小離鄕老大回
시골 사투리는 변함없으되 머리털만 희었구나	鄕音無改鬢毛衰
아이들은 서로 바라보나 알아보지 못하고	兒童相見不相識
웃으며 어디서 온 나그네냐고 묻네	笑問客從何處來

시인이 수십여 년간의 관직 생활에서 물러나 백발이 성성해서야 고향 월주(越州)로 돌아가 느낀 감회를 적은 시다. 고향을 떠날 때는 건장했고 젊음이 생생했지만 어느덧 반백의 노인으로 변해 버렸다.

첫 구 '소소리향(少小離鄕)'과 '노대회(老大回)'에는 오랫동안 객지를 떠돌던 고단한 삶의 무게와 늙음에 대한 한탄이 배어 있다. 이어지는 2구에서 시인은 여전히 남아 있는 사투리와 달리 이미 쇠어 버린 자신의 머리카락이 안타깝고 원망스럽다. 고향이 자신을 잊지 않고 있으리라 기대했건만 그런 바람은 한순간에 무너진다. 시인의 모습을 그린 자화상이 후반 두 구절에서 짓궂은 아이들의 질문으로 전이되면서 시의 분위기는 반전되기에 말이다. 반갑고 설레는 마음으로 고향에 왔지만, 자신을 맞이하는 사람은 옛날의 벗들이 아니다. 천진난만하게 시시덕거리는 아이들만이 어디에서 온 나그네냐고 물을 뿐이다. 젊은 시절 주인 노릇 하던 고향에 이제는 그저 곧 떠나야 하는 객(客)이 되어 돌아왔으니, 주객전도의 서글픈 감회가 시인의 가슴을 파고들 뿐이다.

어찌하여 반드시 이익을 말하는가

何必曰利 | 하필왈리

『맹자』

맹자가 양혜왕(梁惠王)을 만나서 한 말, 하필왈리(何必曰利)는 물질적인 이익을 앞세우며 인의(仁義)를 뒤로 두는 것을 비판한 말이다. 『맹자』의 「양혜왕 상(梁惠王上)」 편에 의하면, 양혜왕이 "노인장께서 천리를 멀다 하지 않고 오셨는데 어떻게 우리나라를 이롭게 하시겠습니까?"라고 묻자 맹자는 이렇게 대답했다.

"왕께서는 어째서 이익을 말하십니까? 역시 인과 의가 있을 뿐입니다.(王何必曰利, 亦有仁義而已矣.)"

전국 시대 중기에 제후들은 오직 정벌 전쟁으로 천하를 경영하겠다는 목적으로 명리(名利)만을 추구하여 '이익(利)'만을 도모하는 풍조가 만연했다. 형제간에 반목과 질시가 판치고 아들이 아버지를 버렸으며 신하 역시 군주를 돌아보지 않아 혼란이 동탕(動蕩)할 뿐이었다. 이런 사회 현실을 바꾸려는 일성이 바로 인의(仁義)였던 것이다. 인의가 있어야만 부모에게 효도

하고 군주에게 충성을 다할 수 있다. 이익만을 위하면 군주를 시해하고과 윗사람을 범하는 병리 현상이 나타날 수 있으니, '선의후리(先義後利)'해야 비로소 치국평천하(治國平天下)로 들어설 수 있다는 것이다.

맹자의 이런 관점은 왕이건 대부건 선비건 개인이건 간에 "상하가 서로 이익을 다투면 나라는 위태롭게 된다."라는 맥락에서 나온 것이다. 천박한 배금주의를 배격하고 왕도 정치가 시대적 과제임을 설파한 맹자의 안목은 국가를 경영하는 자가 갖추고 있어야 하는 기본적인 자세가 덕정(德政)임을 보여 준다. 이는 인간의 본성이 선하다는 성선설에 기초를 두고 있다.

맹자의 논점이 짚어 낸 도덕성과 물질적 이익 사이의 갈등은 당대의 화두였다. 공자도 『논어』 「이인(里仁)」 편에서 군자와 소인을 구분하는 기준으로 의(義)와 이(利)를 든 것을 보면 더 명확해지지 않는가. 그러나 약육강식의 생존 경쟁의 틈바구니 속에서 이익을 따지지 않고 왕도를 추구한다는 것이 얼마나 사람들의 마음에 와 닿았을지는 의문이다. 그렇기에 인의를 지키는 것이 더욱 돋보였으리라.

023

만물은 바뀌고 별도 이동한다

物換星移 | 물환성이

왕발, 「등왕각」

당나라 초의 시인 왕발(王勃)의 「등왕각(滕王閣)」에 나오는 물환성이(物換星移)는 만물이 바뀌고 세월이 흐르며 시대와 세태가 끊임없이 변화하는 것을 일컫는다. 초당사걸(初唐四傑)로 손꼽히는 왕발은 약관의 나이에 과거에 급제하여 괵주참군을 지냈으나 두 차례나 면직당하는 우환을 겪기도 했다. 그는 교지령으로 좌천된 부친을 찾아가다 27세라는 젊은 나이로 물에 빠져 죽었다.

등왕이 세운 높은 누각 장각 기슭에 서 있으되	滕王高閣臨江渚
패옥 소리와 말방울 소리에 가무는 사라졌도다	佩玉鳴鸞罷歌舞
아침에는 채색된 기둥에 남포의 구름이 날고	畫棟朝飛南浦雲
저녁에는 구슬로 만든 발을 걷고 서산의 비를 바라본다	珠簾暮捲西山雨
한가로이 떠가는 구름과 연못의 짙은 물빛은 언제나 유유한데	閑雲潭影日悠悠

만물은 바뀌고 별 운행한 지 몇 해가 지났던가   物換星移幾度秋

누각에 계시던 황태자는 지금 어디 계시는지   閣中帝子今何在

난간 밖엔 장강만 부질없이 흐른다   檻外長江空自流

등왕각은 당 고조 이연(李淵)의 아들 등왕 이원영(李元嬰)이 홍주도독으로 있을 때 지은 누각이다. 시인은 인생의 허무함을 시공(時空)과 흥쇠(興衰)를 대조해 표현하고 등왕각의 아름다운 모습을 담담한 필치로 그린다. 그 옛날 등왕의 생전에 들리던 패옥 소리와 방울 소리가 사라진 데서 시인은 인생무상을 느낀다. 높게 솟아 있는 등왕각의 모습은 오히려 외딴 곳에 떨어져 있는 것처럼 보일 뿐이라 위용보다는 쓸쓸함만이 휘몰아친다. 등왕각의 어제 그리고 오늘의 모습은 단지 한가롭고도 유유하게 떠다니는 저 구름과 부질없이 흘러가는 장강만이 알 것이라는 푸념조의 마무리는 마음껏 누렸던 부귀영화가 세월이 지나고 나면 얼마나 덧없는 것인지를 느낄 수밖에 없다는 것이다.

024

호랑이 두 마리를 잡는 지혜

卞莊刺虎 | 변장자호

『사기』

변장자자호(卞莊子刺虎)의 준말인 변장자호는 실력이 비슷한 둘을 서로 싸우게 하여 둘 다 얻는 지혜라는 뜻이다. 방휼상쟁(蚌鷸相爭), 어부지리, 일거양득과 같은 말이다. '변장'은 '변장자'로 춘추 시대 노나라의 용맹한 대부였다고 전해진다. 고사의 유래는 이렇다.

전국 시대에 한(韓)나라와 위(魏)나라는 싸운 지 1년이 지나도록 풀지 못하고 있었다. 진(秦)나라 혜왕이 이 두 나라를 화해시키려 하자 신하들 의견이 분분했다. 마침 진진(陳軫)이란 자가 진나라에 와 있기에, 혜왕이 자신의 답답한 심정을 토로하며 계책을 묻자 진진은 이런 비유를 들었다.

"일찍이 왕께 변장자라는 이가 호랑이를 찔러 죽인 일을 들려 드린 사람이 있었습니까? 변장자가 호랑이를 찌르려고 하자, 묵고 있던 여관의 심부름하는 아이가 말리면서 '호랑이 두 마리가 소를 잡아먹으려고 합니다. 먹어 봐서 맛이 좋으면 분명히 다툴 것입니다. 다투게 되면 반드시 싸울 테고, 서로 싸우게 되면 큰 놈은 상처를 입고 작은 놈은 죽을 것입니다. 상처 입은 놈을 찔러 죽이면 한꺼번에 호랑이 두 마리를 잡았다는 명성을 얻을 것입니다.(兩虎方且食牛, 食甘必爭, 爭則必鬪, 鬪則大者傷, 小者死, 從傷而刺之, 一擧 必有雙虎之名.)'라고 했습니다. 변장자도 그럴 것이라고 생각하고 서서 기다 렸습니다. 조금 있으니 정말로 호랑이 두 마리가 싸워서 큰 놈은 상처를 입 고 작은 놈은 죽었습니다. 변장자가 상처 입은 놈을 찔러 죽이니, 한 번에 호랑이 두 마리를 잡는 공을 세웠다고 합니다."(『사기』「장의 열전(張儀列傳)」)

진진의 말을 들은 혜왕은 두 나라가 눈앞의 이익에 빠져 대세의 흐름을 파악하지 못하리라 확신하고 이들을 화해시키지 않았다. 결과는 만족이었 다. 큰 나라는 타격을 입었고, 작은 나라는 멸망하고 말았다. 혜왕은 이 틈 에 군사를 일으켜 큰 나라를 쳐부쉈으니, 사태의 추이를 관망하다가 크나 큰 성과를 얻은 것이다.

025

달아나는 게 좋은 계책이다

走爲上計 | 주위상계

『제서』

주위상계(走爲上計)는 강적을 만나거나 곤경에 처했을 때 맞대응하는 것보다는 회피하거나 떠나 버리는 것이 좋다는 뜻으로 주위상책(走爲上策)이라고도 한다. 『제서(齊書)』「왕경칙전(王敬則傳)」에 나오는 말이다.

남북조 시대 제나라의 5대 황제인 명제(明帝)는 고제(高帝) 유유(劉裕, 소도성(蕭道成))의 종질(從姪, 사촌 형제의 아들)이다. 그는 천명에 따라 황제가 된 것이 아니라 고제의 증손자인 3, 4대 황제를 시해하고 자리를 찬탈한 것이었다. 그는 즉위한 뒤 고제의 직계 혈통을 살해했고 자기 생각을 거스르는 자는 모두 사형시켰다.

명제의 포학한 행위가 계속되자 고제의 옛 신하 중 불안에 떨지 않는 이가 없었다. 그중에서도 제나라의 개국 공신으로서 대사마이자 회계태수로 있던 왕경칙의 불안은 더했다. 명제도 왕경칙을 비롯한 고제의 옛 신하들이 늘 마음에 걸렸다. 명제는 궁리 끝에 대부 장괴(張壞)를 평동장군으로 임명하여 회계군과 인접한 오군(吳郡)으로 파견했다. 그러자 왕경칙은 명제가 자기를 없애려는 한다는 것을 눈치채고 먼저 병사 만 명을 이끌고 진군하여 수도 건강(建康)과 흥성성(興盛城)을 점령하려 했다. 명제에 대한 불만이 컸던지라 병력은 삽시간에 10만 명으로 늘어났다.

그때 병석에 누워 있는 명제 대신 정사를 살피고 있던 태자 소보권(蕭寶卷)은 왕경칙과 싸워서 졌다는 보고를 받자 달아날 준비를 했다. 태자의 이런 모습을 부하를 통해 전해 들은 왕경칙은 이렇게 말했다.

"단공(檀公)의 서른여섯 가지 계책 중 달아나는 게 좋은 계책이라고 했다. 너희 부자에게는 오직 급히 달아나는 것밖에 없다.(檀公三十六策, 走是上計. 汝父子唯應急走耳.)"

단공은 위진 남북조 시대 송나라 무제(武帝)의 건국을 도운 단도제(檀道濟) 장군으로, 북위와 싸울 때 달아나는 것을 가장 좋은 방법이라고 말한 적이 있었다.

이런 호기에도 불구하고 왕경칙은 관군에게 포위당하여 죽었으니, 피해야 할 사람은 도리어 자신이 아니었을까.

026

멈춰 있는 물에 비춰 보다

鑑於止水 | 감어지수

『장자』

감어지수(鑑於止水)는 흔들림이 없는 물에 비춰 본다는 말로 『장자』 「덕충부(德充符)」 편에 나온다.

노나라에 형벌로 한쪽 발이 잘린 왕태(王駘)라는 불구자가 있었다. 그는 덕망이 매우 높아서 그를 따라 배우는 이가 공자의 제자만큼 많을 정도였다. 노나라의 현자 상계(常季, 공자의 제자라고 하기도 함)가 공자에게 이렇게 물었다.

"왕태는 외발이입니다. 그런데 그를 따르는 이가 선생님의 제자와 노나라 인구를 나눌 정도입니다. 서서 가르치지도 않고 앉아서 의논하지도 않는데, 빈 마음으로 찾아가면 꽉 채워서 돌아옵니다. 본래 말 없는 가르침(不言之教)이라는 게 있어서 형체가 없어도 마음으로 이룬 사람이 아니겠습니까? 그는 어떤 사람입니까?"

공자는 이 말에 그는 성인이라고 하면서 자신은 그를 스승으로 삼고 온

천하 사람들을 이끌고 가서 따르고자 한다고 말했다. 상계는 왕태가 스스로 수양하여 마음속으로 본심을 터득했을 뿐인데, 왜 세상 사람들이 그에게 모여드는 것이냐고 재차 물었다. 공자의 답은 이러했다.

"사람이란 흐르는 물을 거울로 삼지 말고 멈춰 있는 물을 거울로 삼아야 하니, 오직 멈춰 있어야 모든 것을 멈춰 있게 할 수 있는 것입니다.(人莫鑑於流水, 而鑑於止水, 唯止能止衆止.)"

공자의 말은 '지수(止水)', 즉 정지되어 가라앉은 물만이 비출 수 있듯이 왕태는 사람들을 일부러 불러 모으는 것이 아니라 사람들을 모여들게 하는 보이지 않는 힘을 지니고 있다는 것이다. 상심(常心)을 얻은 자는 사물을 흔들림 없이 바라볼 수 있기 때문이리라.

그리고 나서 공자는 소나무와 측백나무만이 늘 푸른 것은 정기를 지니고 있기 때문이며, 순임금과 같은 성군만이 중생들의 마음을 올바르게(正) 할 수 있다고 하면서 상계와의 문답을 끝냈다.

027

소매가 길면 춤을 잘 추고
돈이 많으면 장사를 잘한다

長袖善舞, 多錢善賈 | 장수선무, 다전선고
『한비자』

『한비자』「오두(五蠹)」 편에 나오는 장수선무, 다전선고(長袖善舞, 多錢善賈)는 소매가 길어야 춤추기에 적당하고, 본전(本錢)이 많아야 장사하기에 좋다는 말이다. '다전선고'는 '다재선고(多財善賈)'라고도 하는데, '고(賈)' 자는 점포를 개설해 놓고 매매하는 상인을 가리키는 명사이기도 하고 매매하는 행위를 가리키는 동사이기도 하다. 『주자어류』 권35에는 "많이 쌓아 두어야 사고파는 데 마음대로 할 수 있는 것이니 겨우 몇 푼밖에 없으면 어떻게 사고팔겠는가?"라고 풀이되어 있다.

한비가 말하고자 하는 바는 강성한 나라에서는 모략을 꾸며도 성공하기 쉽지만, 쇠락하고 혼란스러운 나라에서는 계략을 세우는 것조차 어렵다는 것이다. 한비는 다음과 같은 예를 든다. 진(秦)나라에서 임용된 자는 계책을 열 번 바꾸어도 실패하는 경우가 드물었지만, 연나라에서 임용된 자는 계책을 한 번만 바꾸어도 성사되는 경우가 드물었다. 이는 진나라에 임용된 자가 지혜롭고 연나라에 임용된 자는 어리석어서가 아니라 나라 치세 조건의 차이일 뿐이라는 것이다. 또한 주나라는 진나라를 버리고 합종했으나 1년 만에 공격을 받아 함락됐고, 위(衛)나라는 위(魏)나라를 버리고 연횡을 했으나 반년 만에 멸망해 버렸다. 만일 이 두 나라가 엄격한 다스림과 철저한 신상필벌, 경제적인 안정을 취했다면 결코 쉽게 망하지 않았으리라는 것이다.

수완이란 세(勢)와 재(財)가 있을 때 위력을 발휘하는 법이니 한비의 시각이 틀린 것은 아니다. 맹모삼천이란 말도 따지고 보면 학습 여건을 좋게 하려는 맹모의 강구책이었으니 말이다. 주어진 환경을 떨치고 조국 초나라를 벗어나 진나라의 재상이 되어 22년간 진나라의 체제를 구축한 이사 역시 한비의 말을 타산지석으로 삼았던 것이라 볼 수 있다.

028

하늘의 도는 옳은가 그른가

天道是邪非邪 | 천도시야비야

『사기』

천도, 즉 하늘의 이치가 옳은지 그른지 헷갈린다는 의미인 천도시야비야(天道是邪非邪)는 얄궂은 세상 이치를 한탄하는 말이다. 삶의 정도를 지키며 살아가는 사람이 벌을 받고 그렇지 못한 사람이 별 탈 없이 살기도 하는 불공정한 세태를 비판하는 말로, 사마천의 역작 『사기』의 열전 첫 편인 「백이 열전」에 나온다. 사마천은 공자의 제자 안연(顔淵)과 극악무도한 도적으로 알려진 도척(盜跖)을 예로 들었다. 청빈한 삶 속에서 스승의 말씀을 거역하지 않고 학문의 즐거움을 몸소 실천하여 현자로 불린 안연은 이른 나이에 요절한 반면, 사람의 간을 회로 먹고 온갖 몹쓸 짓을 한 도척은 천수를 누리는 것이 세상이 돌아가는 모습이라는 것이다. 사마천 자신이 사관으로서 나름의 소명 의식을 갖고 살았지만, 친구를 변호했다는 이유 하나만으로 궁형이라는 치욕을 겪었던 일에 대한 호소이기도 하다. 사마천은 이런 현실에 안타까워하며 다음과 같이 썼다.

"어떤 사람은 이렇게 말했다. '하늘의 이치는 사사로움이 없어 항상 착한 사람과 함께한다.' 백이와 숙제는 착한 사람이라고 할 수 있지 않은가? 그러나 그들은 이처럼 어진 덕망을 쌓고 행실을 깨끗하게 하였건만 굶어 죽었다.……하는 일이 올바르지 않고 법령이 금지하는 일만을 일삼으면서도 한평생을 호강하고 즐겁게 살며 대대로 부귀가 이어지는 사람이 있다. 그런가 하면 걸음 한 번 내딛을 때도 땅을 가려서 딛고, 말을 할 때도 알맞은 때를 기다려 하며, 길을 갈 때는 작은 길로 가지 않고, 공평하고 바른 일이 아니면 떨쳐 일어나서 하지 않는데도 재앙을 만나는 사람은 그 수를 헤아릴 수 없을 만큼 많다. 이런 사실은 나를 매우 당혹스럽게 한다. 만약에 이러한 것이 하늘의 도라면, 옳은 것인가? 그른 것인가?(儻所謂天道, 是邪非邪?)"

사마천의 푸념은 2000년이 훌쩍 지난 오늘날에도 새삼스럽지 않아 씁쓸한 뒷맛을 남긴다.

029

돼지와 개

豚犬 | 돈견

『십팔사략』

돼지와 개라는 뜻인 돈견(豚犬)은 어리석은 자식 혹은 자기 자식을 겸칭하여 쓰이는 말이다. 돈자(豚子), 돈어(豚魚), 돈독(豚犢)과 같은 말이며 돈견지재(豚犬之才)라고도 한다. 중국 고대사를 일목요연하게 정리한 『십팔사략』의 「동한(東漢)」 편에 나온다.

삼국 시대 위·촉·오가 자웅을 겨루던 때, 원소와 유비를 제압한 조조는 오나라로 진격했다. 당시 오나라는 손견의 뒤를 이어 그 아들 손권이 장악하고 있었다. 손권에게는 수군도독 주유와 그 휘하의 맹장 황개가 있었다. 황개는 강인한 성품을 지녔으며 병사들을 잘 보살피고 전략과 전술에도 뛰어난 장수였다. 208년, 유명한 적벽대전에서 황개는 주유를 수행하여 조조 군과 싸우게 되었다. 조조의 군사들은 북쪽 장강에서 등나무로 배들을 묶어 두고 있었다. 그러자 황개는 주유에게 화공(火攻)을 제안하여 공격용 쾌선과 전투함 열 척에 마른풀과 마른나무를 싣고 기름을 부은 뒤 휘장을 씌웠다. 그러고 나서 깃발을 세워 재빨리 달릴 수 있는 작은 배를 준비하여 뒤쪽에 매었다. 황개는 먼저 조조에게 편지를 보내 거짓으로 항복한다고 했다. 그때 동남풍이 거세게 불었다. 황개는 배 열 척을 앞세우고 강 중앙에서 돛을 세워 나머지 배와 함께 나아갔다. 이를 본 조조의 군사는 모두 황개가 항복한다고 여겼다.

조조의 군대에서 2리쯤 떨어진 곳까지 오자 황개는 동시에 불을 놓았다. 불이 타오르자 바람이 강하여 배가 화살처럼 나가 조조군의 배를 모두 불태웠다. 연기는 하늘을 가득 메웠으며, 물에 빠지거나 불타 죽은 병사와 말이 수없이 많았다. 오나라와 촉나라 연합군이 정예병을 인솔하여 우레같이 북을 치며 진격하니 조조는 대패할 수밖에 없었다. 조조는 탄식하며 말했다.

"아들을 낳으면 마땅히 손중모(손권) 같아야 한다. 지난날 항복한 유경승(유표(劉表)의 아들 유종(劉琮))은 개돼지에 지나지 않았다.(生子當如孫仲謀, 劉景升兒子若豚犬耳.)"(『삼국지』「오주전(吳主傳)」)

030

하늘의 명을 알다

知天命 | 지천명

『논어』

나이 50세를 일컫는 지천명(知天命)은 "오십이지천명(五十而知天命)"(『논어』 「위정」), 즉 나이 쉰에 하늘의 명을 안다는 구절에서 나왔다. '천명'이란 사물에 드러나는 자연스러운 이치 혹은 하늘이 부여한 사명이다. '지천명'은 "나(공자)에게 몇 년을 더 보태 주어 쉰 살이 될 때까지 『역』을 배우게 된다면 (천명을 알아) 큰 허물을 없게 할 것이다.(加我數年, 五十以學易, 可以無大過矣.)"(『논어』 「술이(述而)」)라는 말과도 통한다.

공자가 쉰 살에 『역』을 배운다는 것과 천명을 알았다는 것은 결코 우연의 일치가 아니다. '군자삼외(君子三畏)', 즉 "군자에게는 두려워하는 것이 세 가지 있다. 천명을 두려워하고, 대인을 두려워하며, 성인의 말씀을 두려워한다."(『논어』 「계씨(季氏)」)라는 말에서 알 수 있듯이 공자에게 천명이란 외경(畏敬)의 첫 번째 대상이었던 셈이다. 공자는 "소인은 천명을 알지 못하므로 두려워하지 않고 대인을 함부로 업신여기며 성인의 말을 함부로 대한다."라고 덧붙였다. 군자와 소인의 근본적인 차이는 천명을 인지하는가의 여부에 달려 있다. 자기의 역량이 어느 정도 되는지, 도대체 무엇을 할 수 있는지, 무엇을 하도록 운명 지어졌는지 등을 제대로 인식하는 것이 중요하다는 것이다.

같은 맥락에서 공자는 "천명을 알지 못하면 군자가 될 수 없다."(『논어』「요왈(堯曰)」)라고 했다. 그는 인간에게 정해진 운명을 수용하고자 한 듯하다. 심지어 그가 천하를 주유하면서 제후들에게 거의 인정받지 못하고 수많은 난관에 부닥치며 했던 말 또한 "도가 장차 행해지는 것도 천명이고 도가 장차 없어지는 것도 천명이다."(『논어』「헌문(憲問)」)였다.

결국 '지천명'이란 정해진 삶의 틀을 받아들이면서 안분지족하고, 세태에 흔들리지 않는 선비처럼 살아가라는 성현의 충고가 아니겠는가.

031

달팽이 뿔 위에서의 싸움

蝸角之爭 | 와각지쟁

『장자』

와각지쟁(蝸角之爭)은 명분이 없는 부질없는 싸움이나 별 성과가 없는 전쟁을 비유한다. 와우각상쟁(蝸牛角上爭)의 준말이며 와각상쟁(蝸角相爭), 와우지쟁(蝸牛之爭)과 같다.

『장자』 「칙양(則陽)」 편에 이런 내용이 있다. 전국 시대 위(魏)나라 혜왕(惠王)이 제나라 위왕(威王)과 맹약을 했으나 위왕이 배반하자, 혜왕은 노여워하여 자객을 보내 찔러 죽이려고 했다. 이에 대해 공손연(公孫衍)은 만승의 군주가 필부를 보내 원수를 갚는 것은 부끄러운 일이므로 군사를 일으켜 정당하게 공격하라고 했다. 계자(季子)라는 자는 전쟁을 일으키는 것은 바람직하지 않다며 공손연의 의견에 반대했고, 화자(華子) 역시 공손연과 계자의 의견이 모두 잘못됐다고 반박하고 나섰다. 이들의 논쟁이 이어지며 결말이 나지 않자 혜왕은 어떻게 해야 할지 몰랐다. 이때 혜시(惠施)가 현인 대진인(戴晉人)을 천거하여 혜왕과 만나게 했다. 대진인은 달팽이를 아느냐고 묻고는 이런 황당한 이야기를 했다.

"달팽이의 왼쪽 뿔에 있는 나라는 촉씨(觸氏)라 하고, 오른쪽 뿔에 있는 나라는 만씨(蠻氏)라고 했습니다. 때마침 (이들이) 서로 영토를 놓고 싸워서 주검이 몇만이나 되게 즐비했고 도망가는 군대를 쫓아갔다가 15일이 지난 뒤에야 돌아왔습니다.(有國於蝸之左角者曰觸氏, 有國於蝸之右角者曰蠻氏, 時相與爭地而戰, 伏尸數萬, 逐北旬有五日而後反.)"

말도 안 된다는 혜왕의 말에 그는 천지 사방의 공간에 끝이 있느냐고 되물었다. 혜왕이 없다고 하자, 그가 말했다.

"무한한 공간에서 노닐 줄 알면서, 이 유한한 땅을 돌이켜 본다면 이 나라 따위는 있을까 말까 할 정도로 아주 하찮은 것이 아니겠습니까?"

고개를 끄덕이는 혜왕에게 대진인은 위나라나 제나라도 촉씨와 만씨처럼 별것 아닌 미미한 존재에 불과하다고 쐐기를 박았다. 결국 전쟁은 없던 일로 되었다. 시인 백거이도 "달팽이 뿔 위에서 무엇 때문에 다투는가(蝸牛角上爭何事)"(「대주(對酒)」)라고 했듯, 하잘것없는 다툼을 버리고 대범하게 살아도 괜찮을 것이다.

권세는 높을수록 더욱 위태롭다

勢高益危 | 세고익위

『사기』

세고익위(勢高益危)는 권력에 다가설수록 더욱 위태롭다는 말로, 겸허하게 처신해야만 명철보신(明哲保身)할 수 있다는 경고이다. 전국 시대 초나라의 중대부 송충(宋忠)과 박사 가의(賈誼)가 시장에서 점을 치며 숨어 사는 현자 사마계주(司馬季主)를 찾아갔다가 질타를 받고 탄식하며 내뱉은 말이다.

조정에 몸담고 있던 송충과 가의는 천하의 원리를 담은 『주역』에 통달한 자 가운데 천거할 만한 사람을 찾아 시장을 들렀다. 현달한 이를 수소문하니 사마계주라는 자가 서너 명의 제자를 거느리고 시장 한구석에 자리를 내어 점을 봐 주며 소일하고 있었다. 두 사람이 찾아가 이야기를 듣는데 음양과 일월성신의 운행, 길흉의 징험 등에 대한 설명이 정확히 들어맞는 것이었다. 감동한 이들은 "어떻게 이런 낮은 곳에 살면서 천한 일을 하십니까?"라고 하면서 자신들과 함께 조정에서 일을 해 보자는 의도를 내비쳤다. 그러자 자존심에 상처를 입은 사마계주는 곧바로 답했다.

"(관리는) 도당을 만들어 바른 사람을 배척함으로써 높은 영예를 구하고, 나라의 봉록을 받으면서 사사로운 이익만을 꾀하며, 나라의 법을 어기고 농민들을 착취합니다."

비열한 작태나 저지르는 관리들에 비하면 자신이 훨씬 나으니 조정에 들어갈 생각은 추호도 없음을 단호하게 표한 말이었다. 그러자 송충과 가의는 탄식하며 말했다.

"도란 높을수록 더욱 편하지만 권세는 높을수록 더욱 위태롭다. 혁혁한 권세를 가진 자리에 있으면 몸을 망치는 날이 오게 마련이다.(道高益安, 勢高益危. 居赫赫之勢, 失身且有日矣.)"(『사기』「일자 열전(日者列傳)」)

그러나 궁궐로 돌아온 이들은 금세 잊어버리고 여전히 권력에 취해 빠져들었다. 결국 송충은 흉노에 사신으로 갔다가 도중에 돌아온 일로 벌을 받았으며, 가의 역시 양회왕(梁懷王)의 스승이 되었다가 왕이 낙마하자 거의 식사를 하지 못하다가 굶어 죽었다.

033

못을 말려 물고기를 잡는다

竭澤而漁 | 갈택이어

『여씨춘추』

연못을 말려 고기를 얻는다는 말인 갈택이어(竭澤而漁)는 눈앞의 이익만을 추구하여 앞날은 생각하지 않음을 가리킨다. 숲(덤불)을 다 태워 사냥을 한다는 의미의 분림이전(焚林而田) 혹은 분수이전(焚藪而田)과 같다.

춘추 시대 진(晉)나라 문공(文公)이 성복(城濮)이라는 곳에서 초나라와 일대 접전을 벌이던 때 일이다. 초나라 군사가 진나라 군사보다 워낙 많고 병력 또한 막강해서 문공은 이길 방법을 찾지 못하고 있었다. 문공이 호언(狐偃)에게 물었다.

"초나라의 병력은 많고 우리 병력은 적으니 이 싸움에서 우리가 승리할 방법이 없겠소?"

"예절을 중시하는 자는 번거로움을 두려워하지 않고, 싸움에 능한 자는 속임수 쓰는 것을 싫어하지 않는다고 들었습니다. 속임수를 써 보십시오."

호언의 답을 들은 문공은 이번에는 옹계(雍季)의 생각을 물었는데, 그는 속임수 작전에 동의하지 않았으므로 이렇게 말했다.

"연못 물을 모두 퍼내어 고기를 잡으면 물고기를 어찌 잡지 못하겠습니까? 그러나 이듬해에는 잡을 물고기가 없게 될 것입니다. 산의 나무를 모두 불태워 짐승을 잡으면 어찌 잡지 못하겠습니까? 그러나 이듬해에는 잡을 짐승이 없을 것입니다.(竭澤而漁, 焉不獲得. 而明年無魚. 焚藪而田, 焉不獲得. 而明年無獸.) 거짓으로 속이는 방법은 비록 지금은 구차한 이익을 얻을 수 있어도 나중에는 이득을 얻지 못하므로 장기적인 술책이 되지 못합니다."(『여씨춘추』「효행람(孝行覽)」)

옹계의 말은 속임수를 쓰기보다는 후일을 기약하며 국력을 키우고 실속을 도모해야 한다는 것이다. "사마귀가 매미를 잡으려 하니 그 뒤에 참새가 목을 길게 늘어뜨리고 있었다.(螳螂捕蟬, 黃雀延頸.)"라는 말이 있듯이 눈앞의 이익을 탐하다가는 오히려 위험을 맞이할 수 있음을 기억해야 한다. 세상 모든 일은 사슬처럼 연결되어 있어서 어떤 이익을 좇으면 분명 더 강력한 누군가가 뒤에서 주시하고 있을 테니 말이다.

034

눈은 눈썹을 보지 못한다

目不見睫 | 목불견첩

『한비자』

목불견첩(目不見睫)은 눈으로 자신의 눈썹을 볼 수 없듯이 자신을 살피는 것보다 남의 사정을 살피는 것이 훨씬 더 쉽다는 의미로 『한비자』「유로(喩老)」편에 나온다.

"(사람의) 지혜란 눈과 같아 100보 밖은 볼 수 있지만 자신의 눈썹은 볼 수 없습니다.(智之如目也, 能見百步之外而不能自見其睫.)"

이 말이 나오게 된 배경은 다음과 같다. 초나라 장왕이 월나라를 정벌하려 하자 두자(杜子)가 간언했다.

"왕께서는 무엇 때문에 월나라를 정벌하려 하십니까?"

"월나라는 정치가 어지럽고 병력이 약하기 때문이오."

"저는 사람의 지혜가 눈과 같은 것이 걱정됩니다. 장교(莊蹻)란 자는 나라 안에서 도적질을 하고 있지만 벼슬아치들은 막지 못하는데, 이는 정치가 어지러운 탓입니다. 왕의 병력이 쇠약하고 정치가 어지러운 것은 월나라보다 더한데도 월나라를 정벌하려고 하니, 이것은 눈이 눈썹을 보지 못하는 것과 같은 이치입니다."

두자의 말을 들은 장왕은 월나라를 공격하려는 계획을 멈추었다.

한비는 이 고사를 총평하여 "아는 것의 어려움이란 남을 보는 데 있는 것이 아니라 자신을 보는 데 있다."라고 했으니, '명(明)'의 의미를 '자견(自見)', 즉 자신을 보는 것이라고 풀이했던 것이다. 이는 노자의 "스스로 아는 자는 명철하다.(自見之爲明.)"(『노자』 42장)라는 말과도 의미가 통한다. 통찰력이란 모름지기 남을 아는 것보다 자신을 제대로 파악하는 데서 나온다는 뜻이다. 자신을 파악하기 위해서는 스스로에게 엄격해야 한다. 스스로에게 엄격한 사람은 만인을 위해 훌륭한 일을 할 수 있는 자산을 갖고 있다. 공연히 남의 문제를 가지고 호들갑을 떨기보다는 자신에게 어떤 흠결이 없는지 살펴보고 나서 일을 처리해 나가야 한다. 물론 손자가 말한 대로 '지피지기(知彼知己)', 즉 남도 알고 나도 아는 자세가 되어 있어야 하는 것은 당연하지만 말이다.

035

복숭아와 자두는 말을 하지 않지만
아래에 저절로 지름길을 이룬다

桃李不言, 下自成蹊 | 도리불언, 하자성혜

『사기』

도리불언, 하자성혜(桃李不言, 下自成蹊)는 덕이 있는 자는 잠자코 있어도 그 덕을 사모하여 사람들이 따른다는 뜻으로 사마천이 이광(李廣)을 평한 말이다. 복숭아와 자두의 열매를 따 먹기 위해 사람들의 발길이 끊임없이 이어져 자연히 지름길이 생기듯 이광의 마음씨가 사람의 신뢰를 이끌었다는 비유이다. 시골 사람처럼 투박하고 말도 잘하지 못했으나 청렴하고 부하를 아꼈던 이광을 두고 사마천은 "'자기 몸이 바르면 명령하지 않아도 시행되며, 자기 몸이 바르지 않으면 명령해도 따르지 않는다.'라는 말이 있는데 이광을 두고 한 말이 아닌가 한다."라고 칭송했다.

이광은 한나라의 오랜 적 흉노의 간담을 서늘하게 했던 전설적 존재였는데, 청렴한 성품으로 상을 받으면 부하들에게 나눠 주었다. 군사를 인솔하며 식량과 물이 부족할 때에는 물을 보아도 병졸들이 마시기 전에는 먼저 입을 대지 않았다. 그런데 그에게는 희한한 습관이 있었다. 활을 쏠 때

는 아무리 적이 습격해 와도 수십 보 안에 다가오지 않거나 명중시킬 자신
이 없으면 쏘지 않았는데, 쏘기만 하면 활시위 소리가 나자마자 고꾸라지게
만들었다. 말하자면 싸움 자체를 즐겼던 것이다. 이 때문에 그는 싸움터에
서 자주 적에게 포위되거나 곤욕을 당했다. 예를 들어 거기장군 위청(衛靑)
이 흉노를 공격하여 농성(隴城)에서 무찔렀을 때 흉노의 포로가 되었다가
도망쳐 돌아온 적도 있었고, 맹수의 공격으로 부상한 적도 많았다. 그럼에
도 사마천이 기록했듯이 이광은 전한 시대 흉노와 벌인 70여 차례의 싸움
에서 혁혁한 공을 세워 비장군(飛將軍)으로까지 불렸다. 그러나 그의 벼슬
은 구경에 불과하여 제후의 반열에 오르지 못했고, 이광 역시 이런 사실에
별로 수긍하지 못했다.

　이광이 정치에 밝지 못했고, 어리석고 순진해서 조정의 분위기를 제대로
파악하지 못하여 평가 절하된 면모까지 이 여덟 글자로 정리할 수는 없으
리라. 이광이 제후에 오르지 못한 이유는 장군과 장군이 아닌 자에게 요구
되는 역할의 차이를 제대로 알지 못했던 것이 가장 큰 이유이기에 말이다.

036

학은 깊숙한 물가에서 운다

鶴鳴九皐 | 학명구고

『시경』

학명구고(鶴鳴九皐)는 현명한 사람은 반드시 세상에 드러나게 되어 있다는 의미로 『시경』「소아(小雅)·학명(鶴鳴)」 편에 나오는 말이다.

"학이 깊숙한 물가에서 울면 소리가 하늘까지 들린다. 물고기는 연못에 숨어 있으나 간혹 못가에도 있다.(鶴鳴於九皐, 聲聞於天. 魚潛在淵, 或在于渚.)"

'학명구고'란 말은 이후 사마천의 『사기』「골계 열전」에 다시 등장한다. 제왕의 시대요, 먹줄을 댄 듯 법과 격식에 갇혀 있던 한 무제 때의 분위기 속에서도 자유로운 지성의 활동은 여전했으니 학궁(學宮)에 모인 박사들과 골계가(滑稽家)들이 그 주역이었다. 이들 중에서도 동방삭(東方朔)은 언제든 궁중에서 황제를 모실 수 있는 위치에 있었으며, 식사도 함께 할 정도로 호사를 누렸다. 그러면서도 그는 날카로운 현실 감각으로 황제들의 언행을 거론하며 비판과 조언을 병행했다. 동방삭의 말은 내용은 무거웠지만 형식은 가볍고 날렵하여 사람들은 그를 골계가로 불렀다. 그러나 학궁의 박사들은 모두 그를 비난했다. 황제를 섬긴 지 수십 년이 지났건만 벼슬도 겨우 시랑(侍郎)이고 직위는 집극(執戟)에 지나지 않으니, 황제를 위해 제대로 한 일이 무엇이냐는 것이었다. 듣고 있던 동방삭의 일격이 바로 『시경』의 이 구절을 인용한 말이었다.

"궁궐에서 종을 치면, 소리는 밖까지 들린다. 학이 깊은 물가에서 울면, 소리가 하늘까지 들린다.(鼓鍾于宮, 聲聞于外. 鶴鳴九皐, 聲聞于天.)"

자신은 그들보다 훨씬 멀리 보며 사물을 꿰뚫어 본다는 것이다. 그는 예를 하나 들었다. 태공망(太公望) 여상(呂尙)은 몸소 인의를 실천하다가 72세가 되어서야 주나라 문왕을 만나 자신의 포부를 실행했고, 죽은 뒤 제나라에 분봉되어 700년 동안이나 제사가 끊어지지 않았다. 결국 동방삭은 묵묵히 시세를 관망하며 때를 기다린 여상의 묵직한 선비 정신을 강조한 것이다. 『주역』「건괘」에 '잠룡물용(潛龍勿用)'이라는 말이 있다. 물에 잠겨 있는 용은 쓰지 말라는 의미다. 그러나 비룡도 잠룡에서 나오는 법. 어둠 속에서 때를 기다리는 것도 잠룡의 자세다.

아름다운 사람은 운명이 기박하다

佳人命薄｜가인명박

소식, 「박명가인」

가인명박(佳人命薄)은 아름다운 사람의 운명은 짧다는 말로 홍안박명(紅顏薄命), 미인박명(美人薄命), 재승박덕(才勝薄德)과 같다. 당송팔대가 가운데 한 명으로 송 대 최고 시인이요, 명문장가로 손꼽히는 소식(蘇軾)은 자는 자첨(子瞻)이고 호는 동파거사(東坡居士)이며 소동파라는 이름으로 널리 알려져 있다. 그는 스물둘에 진사에 급제하고 구양수의 눈에 띄어 문단에 등장했다. 보수파인 구법당(舊法黨)에 속한 그는 온건한 개혁을 주장했으나 신법파(新法派)와의 갈등 속에서 「의학교공거상(議學校貢擧狀)」, 「상신종황제서(上神宗皇帝書)」라는 두 편의 글을 통해 혁신 세력을 강력히 비난했다가 서른넷에 항주통판으로 좌천당했다. 항주통판 시절에도 적지 않은 풍자시를 지어 혁신 세력들과 끊임없는 마찰을 빚다가, 결국 넉 달간 구금된 후 친구들의 도움으로 풀려나기도 했다. 이후 구법당의 득세와 더불어 예부상서라는 고위직에 올랐다가 다시 7년 동안 귀양살이하는 등 그의 삶은 파란만장 그 자체였다. 이런 상황에서 그는 유가, 불가, 도가를 섭렵하면서 거시적인 인생관을 가지게 되었으며, 특히 장자와 불교의 선(禪) 사상에 몰입했다.

소식은 한적한 절에 머물다가 한 비구니를 보고 「박명가인(薄命佳人)」이라는 칠언율시를 지어 자신의 심경을 비유적으로 읊었다.

엉긴 우유 같은 양 볼에 칠흑 같은 머리를 하고	雙頰凝酥髮抹漆
눈빛이 발에 들어오니 주옥처럼 빛난다	眼光入簾珠的皪
하얀 비단으로 선녀 옷을 만들고	故將白練作仙衣
입술연지는 천연의 바탕을 더럽힐까 바르지 않는다	不許紅膏汙天質
오나라 사투리 애교 있는 소리는 앳되기만 하니	吳音嬌軟帶兒癡
끝없는 시간 속의 근심은 알 수 없구나	無限間愁總未知
예로부터 아름다운 여인의 운명은 특히 기박하더니	自古佳人多命薄
문을 닫고 봄은 다하니 버들개비 떨어진다	閉門春盡楊花落

이 비구니의 모습은 소식 자신의 정치적 운명과 묘하게 관련되는 듯하다. '가인명박'이란 시구에는 인생이란 결코 자신의 뜻대로 되지 않는다는 깊은 자괴감이 자리 잡고 있다.

038

사물의 이치를 궁구하여 지식에 이른다

格物致知 | 격물치지

『대학』

격물치지(格物致知)는 사물의 참된 모습을 밝혀야 명확한 지식이 얻어진다는 뜻으로, 격치라고도 한다. 『예기』의 한 편명이었다가 사서로 꼽히게 된 『대학』에는 삼강령(三綱領)과 팔조목(八條目)이 있다. 삼강령이란 '대학의 길(大學之道)'로서, 밝은 덕을 밝히고(明明德), 백성을 새롭게 하며(新民), 지극한 선에 이르게 하는(止於至善) 세 갈래의 길이며, 이 삼강령을 실현하기 위한 팔조목이 격물(格物), 치지(致知), 성의(誠意), 정심(正心), 수신(修身), 제가(齊家), 치국(治國), 평천하(平天下)이다. 『대학』의 원문은 이렇다.

"지식에 이르는 것은 사물을 궁구하는 데에 있다. 사물의 이치가 이루어진 이후에야 지식이 이르게 되고, 지식에 이르게 된 뒤에야 마음이 바르게 된다. 마음이 바르게 된 뒤에야 몸이 닦인다. 몸이 닦인 뒤에야 집안이 가지런해진다. 집안이 가지런해진 뒤에야 나라가 다스려진다. 나라가 다스려진 뒤에야 천하가 고르게 된다.(致知在格物, 物格而后知至, 知至而后意誠, 意誠而后

心正, 心正而后身修, 身修而后家齊, 家齊而后國治, 國治而后平天下.)”

격물에 대한 최초의 해석은 정현(鄭玄)이 내놓았다.

“‘격(格)’은 ‘올 래(來)’ 자다. ‘물(物)’은 ‘일 사(事)’ 자와 같다. 그 지식이 선에 깊으면 선한 일을 따라오게 하고, 그 지식이 악에 깊으면 악한 일을 따라오게 한다. 일은 사람이 좋아하는 것에 따라오게 됨을 말하는 것이다.”

이후 공영달, 이고, 사마광, 정호, 정이 등의 해석이 이어졌고, 남송의 주희가 “사물의 원리를 궁구히 밀고 나가 그 지극한 곳에 이르지 않는 곳이 없게 하려는 것이다.(窮推至事物之理, 欲其極處無不到也.)”라고 재해석하면서 격물은 사물의 원리와 법칙을 분명히 연구하고 총결하여 이성적 지식을 터득해야 한다는 의미에 이르렀다.

성숙한 인격과 삼라만상을 두루 조망하는 자세를 갖추지 않으면 ‘평천하’라는 구상은 헛된 꿈일 수밖에 없는 것이다.

039

용을 죽이는 재능

屠龍技 | 도룡기

『장자』

'도룡', 즉 용을 잡는 기술은 제아무리 높은 수준이라도 쓸데없다는 의미인 도룡기(屠龍技)는 도룡지술(屠龍之術)이라고도 한다. 『장자』 「열어구(列禦寇)」 편에서 장자가 지인(至人)과 성인(聖人)을 설명하는 가운데 나온 말이다.

"도를 알기는 쉬우나 말하지 않기란 어렵다. 도를 알면서도 말하지 않음은 하늘을 좇는 것이고, 알면서 말하는 것은 인위(人爲)의 경지로 가는 것이다. 옛날 지인(至人)들은 하늘을 좇고 인위로 가지 않았다."

장자는 이렇게 말하고는 덧붙였다.

"주평만(朱泙漫)이라는 사람은 용을 죽이는 방법을 지리익(支離益)에게 배우느라 천금이나 되는 가산을 탕진하여 3년 만에 그 재주를 이루었지만 쓸데가 없었다.(朱泙漫學屠龍於支離益, 單千金之家, 三年技成而無所用其巧.)"

장자의 논점은 성인이란 필연적인 일도 필연으로 여기지 않으므로 마음이 동요하지 않지만, 평범한 사람들은 필연적인 일이 아닌 것도 필연으로 여기고 행동하므로 감정의 소모가 많을 수밖에 없다는 것이다. 이는 마치 용을 죽이는 기술처럼 쓸모도 없는 것을 배우기 위해 돈을 낭비하는 것과 매한가지다. 장자는 주평만과 지리익이라는 가공인물을 내세워 성인의 본연의 자세를 가르치고, 대도란 우리 인간 세상에는 없다는 논리를 피력했다. 비슷한 맥락에서 송나라 황정견(黃庭堅)도 「임위지송필희증(林爲之送筆戲贈)」이란 시에서 "이른 나이에 용을 죽이는 기술을 배웠으나, 적용하려니 정녕 성글고 거칠기만 하네(早年學屠龍, 適用固疏闊)"라고 했다.

그러나 도룡이란 말은 역으로 지금 당장 세속에서는 필요 없는 듯 보여도 언젠가는 쓰임이 있을 진정한 기술이나 학문을 가진 인물을 칭하기도 하니, '도룡수(屠龍手)'란 말이 그것이다. 용을 잡을 만한 뛰어난 기량이 범인들의 눈에는 황당무계하게 보일지라도 그런 재기를 갖춘 시대의 통찰력자들에 의해 더 값지고 멋진 세상이 이끌어지는 것이 아니겠는가.

나라에 둘도 없는 선비

國士無雙 | 국사무쌍

『사기』

국사무쌍(國士無雙)은 빼어난 인재를 의미하는 말이다.

한나라 개국 공신 한신의 어린 시절은 수모의 연속이었다. 긴 칼을 차고 다니다가 동네 불량배들의 가랑이 밑을 기어가는 수모를 겪기도 했고, 빨래하는 아낙의 밥을 빌어먹기도 했다. 진나라 말에 그는 진승의 모반에 반기를 든 항량과 항우에게 번갈아 몸을 의탁했지만 자신을 알아주지 않자 유방에게 달아났다. 그러나 유방 역시 그를 중용하지 않았다.

그런데 유방의 곁에는 한신의 존재 가치를 눈여겨본 유방의 친구이자 핵심 측근인 소하가 있었다. 이런 사실을 모르는 한신은 다시 길을 떠났고, 소하가 그를 쫓아가 데려오자 유방은 노여움과 기쁨이 뒤섞여 소하를 꾸짖었다.

"그대는 어째서 도망쳤소?"

"도망친 게 아니라 도망친 자를 뒤쫓아갔습니다."

"그대가 뒤쫓은 자가 누구요?"

"한신입니다."

유방은 다시 꾸짖었다.

"장수들 가운데 도망친 자가 수십 명이나 되는데도 그대는 쫓아간 적이 없소. 한신을 뒤쫓았다는 것은 거짓말이오."

그러자 그는 이렇게 말했다.

"여러 장수들은 쉽게 얻을 수 있습니다. 한신과 같은 인물은 나라에 둘도 없는 선비입니다. 왕께서 계속 한중의 왕으로 만족하신다면 한신을 문제 삼을 필요는 없습니다만, 반드시 천하를 놓고 다투려고 하신다면 한신이 아니고서는 함께 일을 꾀할 사람이 없습니다. 왕의 생각이 어느 쪽에 달려 있는가를 헤아려 보십시오.(諸將易得耳. 至如信者, 國士無雙. 王必欲長王漢中, 無所事信; 必欲爭天下, 非信無所與計事者. 顧王策安所決耳.)"(『사기』「회음후 열전」)

유방은 자신만의 사고에 갇혀 한신이 이토록 대단한 존재임을 깨닫지 못했다. 이를 일깨워 준 자가 소하였고, 유방은 소하의 조언을 받아들여 한신을 대장군에 임명했다.

자신의 탁월한 능력이 빛을 보지 못한다 해도 실망하지 말라. 초조해하지도 말라. 늘 당신 곁에는 당신을 눈여겨보는 누군가가 있을 테니 말이다.

041

먹는 데 배부름을 구하지 않는다

食無求飽 | 식무구포

『논어』

식무구포(食無求飽)는 군자가 물질적 욕망에 사로잡히면 호학하려는 의지가 줄어들 수밖에 없다는 의미로 절제를 강조한 말이다.

"군자는 먹음에 배부름을 추구하지 않고, 거처함에 편안함을 추구하지 않으며, 일을 처리하는 데 신속하고 말하는 데는 신중하며, 도가 있는 곳에 나아가 스스로를 바로잡는다. (그렇다면) 배우기를 좋아한다고 말할 수 있다.(君子食無求飽, 居無求安, 敏於事而愼於言, 就有道而正焉, 可謂好學也已.)"(『논어』「학이」)

군자는 도덕과 학식을 두루 갖춘 존재이다. 호학의 기본은 정신적인 데에 힘을 쓰고 물질적인 것을 도외시하는 것이니, 배부름을 추구하는 것은 소인의 행태이다. 공자는 일상에서도 '포(飽)'를 낮추어, "배부르게 먹는 것을 온종일 하고 마음 쓰는 데가 아무것도 없다면 곤란하구나. 육박(장기의 일종)과 바둑이라도 있지 않은가? 그런 것이라도 하는 것이 더 현명하다."

(『논어』「양화(陽貨)」)라고 했다. '빈이락(貧而樂)'(「학이」), 즉 가난하면서도 즐거워하는 것은 공자가 추구하고 평생 동안 일관했던 삶의 자세였다. 때로 그는 집편지사(執鞭之士, 채찍을 들고 길을 트는 자)가 되어 부를 구할 수도 있다고 푸념하기도 했으나, 그런 길은 구할 수 없음을 알고 자신이 좋아하는 길을 소신 있게 걸어갔다. 공자의 문하생 77명 가운데 가난한 서민 출신이 압도적으로 많은 것은 그런 삶의 자세를 보여 준다. 그는 속수(束脩, 열 가닥의 육포(肉脯))를 가져온 자들에게는 어떤 경우에도 가르침을 주었다고 하지만, 이는 스승을 뵙는 최소한의 예절을 보기 위한 것이었지 학비 개념이 아니었으며 부를 축적하기 위함도 아니었다. 공자가 그토록 아꼈던 수제자 안회 역시 배부름 따위를 추구하지 않고 안빈낙도의 삶을 살다 간 군자였다.

042

그루터기를 지키며 토끼를 기다리다

守株待兔 │ 수주대토

『한비자』

수주대토(守株待兔)는 원래 노력하지 않고 요행을 바라는 심리를 말하는데, 오늘날에는 좁은 식견이나 경험만을 믿고 변통할 줄 모르는 사람이나 구습으로 현재를 바라보려는 태도를 뜻하기도 한다.

"송나라 사람으로 밭을 가는 자가 있었다. 밭 가운데에는 그루터기가 있었는데, 토끼가 달려가다 그루터기에 부딪쳐 목이 부러져 죽었다. 그러자 농부는 쟁기를 놓고 그루터기를 지키며 토끼를 다시 얻기를 기다렸다. 토끼는 다시 얻을 수 없었으며, 그 자신은 송나라 사람들의 웃음거리가 되었다. 지금 고대 제왕의 정치를 좇아 현재의 백성을 다스리려고 하는 것은 모두 그루터기를 지키는 것과 유사한 것이다.(宋人有耕田者. 田中有株, 兔走觸株, 折頸而死. 因釋其耒而守株, 冀復得兔. 兔不可復得, 而身爲宋國笑. 今欲以先王之政, 治當世之民, 皆守株之類也.)"(『한비자』「오두(五蠹)」)

수주대토의 중점은 '수(守)'와 '대(待)' 자에 있으니 능동적으로 노력하지 않고 의외의 성공만을 바라는 것으로, '각주구검(刻舟求劍, 배에 칼자국을 새겨 칼을 찾음)'이란 말과 유사하나 차이점은 분명하다. 각주구검은 '각(刻)'과 '구(求)'에 중점이 있으니 노력은 했으되 상황의 변화를 제대로 이해하지 못해 결과적으로는 잘못된 방법으로 해결책을 모색하는 것이다.

이 우화를 통해 한비가 말하고자 하는 핵심은 이렇다. 군주는 옛날 방식이나 영원불변하는 규범만을 고집하지 말고, 시대 상황에 따라 적절한 방법으로 나라를 다스려야 한다. 상고 시대에나 가능했던 인치(人治)나 덕치(德治)를 고집하지 말고 법치(法治)에 입각하여 법과 원칙에 따라 나라의 기강을 바로 세우고 군주의 통치를 안정시키라는 것이다.

지금 우리도 우연히 잘된 일 하나로 착각에 빠져 고집을 부리고 있지는 않은지 돌아볼 만하다. 수기응변(隨機應變)하면서 견풍사타(見風使舵, 바람을 보고 키를 부림)의 사고로 제구포신(除舊布新, 옛것을 버리고 새것을 폄)의 결단을 과감히 발휘해 보도록 하자.

그물로 참새를 잡고 땅을 파서 쥐를 잡다

羅雀掘鼠 | 나작굴서

『신당서』

나작굴서(羅雀掘鼠)는 최악의 상황을 비유하는 말로, "그물로 참새를 잡고 땅을 파서 쥐를 잡으며, 갑옷과 쇠뇌를 삶아 먹는 지경에 이르다.(至羅雀掘鼠, 煮鎧弩以食)"(『신당서』「장순전(張巡傳)」)라는 구절에서 나왔다.

당나라 천보(天寶) 말기 사람 장순은 충직한 신하였을 뿐 아니라 재주도 많고 담력 또한 남달랐다. 안녹산의 반란으로 나라가 혼란스러울 때, 그는 허원일이라는 자와 함께 수양(睢陽)의 성을 수비하고 있었다. 757년 안녹산의 아들 안경서가 대장군 윤자기를 보내 수양성을 공격했다. 장순을 따라 성을 지키고 있는 군사는 겨우 3000여 명에 불과하여 10만 명이 넘는 반란군을 대적하기에는 역부족이었다. 장순은 비록 병사의 수에서는 열세를 면치 못했지만 죽음을 각오하고 성을 지키려 했다. 자신만만한 반란군들은 갖은 방법을 동원하여 성을 공격하는가 하면, 온갖 회유로 항복을 요구했다.

반란군에 포위된 지 며칠 안 되어 비축해 놓은 군량미는 바닥이 났고 식량 공급도 되지 않아 성안의 사람들은 점점 굶주림에 허덕이게 되었다. 허기에 지친 병사들은 나무껍질을 벗겨 씹어 먹기도 하고 그물을 쳐 참새를 잡아먹기도 했으며 땅을 파서 쥐를 잡아먹기도 했다. 장순은 지휘관의 입장에서 자식 같은 병사들의 몸부림을 안타깝게 여겨 자기 아내를 죽여 끓인 국을 병사들에게 먹이기까지 했으며, 병사들은 심지어 갑옷과 쇠뇌를 삶아 먹기까지 했다.

상황은 시간이 흐를수록 악화되어 더는 성을 지키는 것이 불가능해졌다. 장순은 마침내 반란군의 포로가 되었다. 그렇다고 해서 장순이 항복을 한 것은 아니었다. 그는 항복을 요구하는 자들을 매서운 눈초리로 쏘아보고는 우레 같은 소리로 한바탕 욕설을 퍼부었다. 그러자 반란군은 그 자리에서 그의 목을 베었다. 그의 죽음을 지켜보아야만 했던 장순의 부하들은 눈물을 흘리지 않을 수 없었으며, 죽음과 바꾼 충성심에 새삼 고개를 떨구었다.

044

병이 골수에 들어가다

病入骨髓 | 병입골수

『사기』

병입골수(病入骨髓)는 병의 뿌리가 깊고 중하다는 말로 병입고황(病入膏肓)과 같은 말이다. 어떤 처방도 듣지 않는 상황에 처하기 전에 모든 일은 미연에 방지하라는 말이다.

전설적 명의 편작(扁鵲)은 성은 진(秦)이고 이름은 월인(越人)이다. 젊었을 때 여관의 관리인으로 일했는데, 객사에 들었던 장상군(長桑君)이란 자의 비방약을 먹고 오장을 꿰뚫어 보는 능력을 얻었으며 웬만한 질병은 모두 터득했다고 한다.

편작이 제나라로 갔을 때의 일이다. 환후(桓侯)라는 왕이 편작을 빈객으로 예우했는데, 편작이 그를 보고 피부에 병이 있으니 치료하지 않으면 깊어질 것이라고 했다. 환후는 자신은 질병이 없다며 편작이 이익이나 탐한다고 비난했다.

닷새가 지나자 편작은 다시 환후를 찾아가 "왕께서는 혈맥에 병이 있습니다. 지금 치료하지 않으면 훨씬 깊어질 것입니다."라고 말했으나 환후는 치료하려 하지 않았다. 닷새 뒤에 편작이 다시 찾아가 심각한 어조로 장과 위 사이에 병이 있으니 치료하지 않으면 깊은 곳까지 들어간다고 말했다. 그러나 환후는 편작을 그냥 돌려보냈다. 다시 닷새 뒤 편작이 찾아가 환후를 보고는 이번에는 아무런 말없이 물러 나왔다. 이상한 생각이 든 환후가 사람을 보내 그 까닭을 묻자, 편작은 이렇게 대답했다.

"병이 피부에 있을 때는 탕약과 고약으로 고칠 수 있고, 혈맥에 있을 때는 쇠침과 돌침으로 치료할 수 있으며, 장과 위에 있을 때는 약주(藥酒)로 고칠 수 있습니다. 그러나 병이 골수까지 들어가면 사명(司命, 인간의 생명을 주관하는 고대 전설 속의 신)도 어찌할 수 없습니다. 지금은 병이 골수까지 들어가 있기 때문에 저는 더는 드릴 말씀이 없었던 것입니다.(疾之居腠理也, 湯熨之所及也; 在血脈, 鍼石之所及也, 其在腸胃, 酒醪之所及也; 其在骨髓, 雖司命無奈之何. 今在骨髓, 臣是以無請也.)"(『사기』 「편작·창공 열전」)

환후는 뒤늦게 편작을 찾아갔으나, 그는 이미 떠난 뒤였다. 결국 환후는 치료도 못해 보고 죽었다.

045

다른 사람에게 차마 할 수 없는 마음

不忍人之心 | 불인인지심

『맹자』

불인인지심(不忍人之心)은 남의 고통을 차마 지나치지 못하는 착한 마음을 나타내는 말로 인간에 대한 연민과 동정심을 뜻한다. 맹자는 인간이면 누구나 이런 마음을 갖고 있다고 본다. 맹자는 고자(告子)와 인성(人性) 문제를 논하면서 인간은 선천적으로 선한 마음을 갖추고 있다고 했다. 이런 사유는 인본주의의 발단이며 그가 인정(仁政)과 덕정(德政)을 주장하는 근거이기도 하다. 맹자의 논지는 간단하다.

"인간은 모두 다른 사람에게 차마 할 수 없는 마음을 가지고 있다. 옛날의 왕은 다른 사람에게 차마 할 수 없는 마음을 가지고 있었으므로 이런 마음으로 정치를 시행했다. 다른 사람에게 차마 할 수 없는 마음으로 다른 사람에게 차마 할 수 없는 정치를 하게 되면, 천하를 다스리는 것이 손바닥에서 하는 것과 같을 것이다.(人皆有不忍人之心, 先王有不忍人之心, 斯有不忍人之政矣. 以不忍人之心, 行不忍人之政, 治天下可運於掌上.)"(『맹자』「공손추 상(公孫丑上)」)

정치는 모름지기 이런 마음에서 출발해야 한다는 것이다. 그는 우물에 빠진 어린아이를 봤을 때 느끼는 놀라움과 측은한 감정을 예로 들었다. 맹자에 의하면, 아이를 구해 주려는 감정이 누구에게나 생기는 것은 어린아이의 부모에게서 어떤 혜택을 얻고자 하기 때문도 아니고, 이웃 사람이나 친구들에게 칭찬을 듣기 위해서도 아니며, 그러한 감정을 느끼지 않았다는 비난을 피하려 하기 때문도 아니라는 것이다. 이와 같은 맹자의 사유는 "측은해하는 마음이 없으면 인간이 아니며, 부끄럽고 싫어하는 마음이 없으면 인간이 아니고, 사양하는 마음이 없으면 인간이 아니며, 옳고 그름을 판단하는 마음이 없으면 인간이 아니다.(無惻隱之心, 非人也, 無羞惡之心, 非人也, 無辭讓之心, 非人也, 無是非之心, 非人也.)"라는 인간론으로 귀결된다.

나아가 맹자는 과거 선왕들이 불인인지심을 가지고 있었던 것과 달리 지금의 왕들은 저마다 사리사욕만을 추구하고 패도(覇道) 정치를 일삼으며 민생을 파탄으로 내몰고 있다고 주장한다.

창문에서 엿보지 않고도
하늘의 이치를 안다

不窺於牖, 可以知天道 | 불규어유, 가이지천도

『한비자』

불규어유, 가이지천도(不窺於牖, 可以知天道)는 『한비자』 「유로」 편에 나오는 말로 "문을 나서지 않고도 천하를 알 수 있다.(不出於戶, 可以知天下.)"라는 말과 호응한다. 천하의 이치를 터득하는 통찰력을 말한다.

한비는 이 편에서 다음과 같은 예를 들었다. 왕수(王壽)란 자가 책을 짊어지고 가다가 주나라 땅에서 서풍(徐馮)을 만나게 되었다. 서풍이 말했다.

"일이란 실행하는 것이고, 실행 결과는 때에 따라서 나타나는데 그 상황이 항상 같지는 않다. 책은 옛사람의 말을 기록한 것이고, 말은 지혜로부터 생겨난 것이다. 그래서 지혜로운 자는 책을 소장하지 않는다. 지금 그대는 어찌해서 책을 짊어지고 가는가?"

이에 왕수는 그 책을 불사르고 춤을 추었다.

지혜로운 자는 말로 사람을 가르치지 않고, 현명한 자는 책을 상자 속에 간직하지 않는다. 세상 사람들은 이를 간과하지만 왕수는 바른 길로 되돌아간 셈이다. 배움이 책을 통해서만 이루어지지는 않는다는 사실을 터득한 것이다. 이와 비슷한 사례가 또 하나 있다. 「유로」 편에 "작은 것을 꿰뚫어 보는 것을 '명(明)'이라 한다.(見小曰明.)"라는 구절이 있는데, 이는 낙엽 하나를 보고 천하의 가을을 안다는 말과 통한다. 남들이 보지 못하는 것을 정확하게 집어내고 사소한 것의 의미까지 포착하는 능력이 바로 '명'이다.

『회남자』 「설산훈(說山訓)」 편에도 이런 이야기가 나온다. "고기 한 점 맛보고 솥 안의 고기 맛을 다 알고, 깃털과 숯을 매달아 놓고서 건조함과 습함의 기운을 알 수 있다. 이는 사소한 것으로 큰 것을 아는 것이다. '낙엽 하나를 보고 한 해가 저물어 가는 것을 알고(見一葉落, 而知歲之將暮), 병 속의 얼음을 보고 천하가 추워졌음을 안다(睹瓶中之氷 而知天下之寒).' 이것은 가까운 것으로 먼 것을 논하는 것이다."

송나라 당경(唐庚)의 『문록(文錄)』에 인용된 당 대 시인의 시에도 유사한 구절이 있다. "산속 스님은 갑자를 헤아리지 않고, 낙엽 하나로 천하에 가을이 왔음을 아네(山僧不解數甲子; 一葉落知天下秋)"

이렇듯 세상의 이치를 아는 법은 널려 있다. 물론 그런 통찰력을 보여 주는 사람은 드물다.

047

흙먼지를 말아 다시 온다

捲土重來 | 권토중래

두목, 「제오강정」

권토중래(捲土重來)는 패배한 뒤 다시 세력을 규합하여 쳐들어온다는 의미로, 어떤 일에 실패했더라도 힘을 쌓아 다시 일에 착수하는 것을 말한다. 당나라 시인 두목(杜牧)이 「제오강정(題烏江亭)」에서 노래한 시구에서 나왔다.

이기고 지는 것은 전쟁에서 기약할 수 없는데	勝敗兵家不可期
치욕을 안고 견디는 것이 사나이다	包羞忍恥是男兒
강동의 자제들 중에는 인재가 많으니	江東子弟多才俊
흙을 말아 올려 다시 오는 날을 아직 알지 못한다	捲土重來未可知

두목의 푸념은 권토중래하지 못하고 단 한 번의 패배에 목숨마저 내던진 항우의 심약한 모습에 대한 서글픈 감회를 드러낸 것이다.

『사기』「항우 본기」에 의하면, 야심 많고 세상사에 거침없던 항우는 키가

8척이 넘고 힘은 정(鼎)을 들어 올릴 정도였으며 재기(才氣)가 범상치 않았다. 그는 숙부 항량과 함께 회계산을 유람하고 절강을 건너다 진시황의 행차를 보고는 "저자의 자리를 내가 대신하리라."라고 했던 기백의 소유자였다. 결국 그는 진나라 왕을 허수아비로 만들고 패권을 잡아 초나라 지역을 장악하기에 이르렀다. 그러나 한편에서는 건달 출신 유방이 북방을 터전으로 암중모색하면서 항우와의 건곤일척의 승부를 기다리고 있었다. 항우가 우미인과 술에 빠져든 사이 유방은 패배를 설욕할 최후의 일전을 준비하고 있었던 것이다. 결국 기원전 202년 겨울 유방은 항우를 해하에서 포위하여 사면초가의 벼랑 끝으로 몰고 간다.

항우는 주변의 만류에도 최후까지 지나친 만용을 부리다가 31세의 나이로 스스로 최후를 마감했다. 사마천은 항우가 불과 28명의 기병을 이끌고 관영이 지휘하는 5000명의 정예병과 대적하면서 혼자 수백 명을 죽이는 장면, 자신의 머리에 내걸린 현상금을 차지하려는 자들을 향해 몸을 내던지는 장면 등을 묘사하면서 항우의 패망이 결코 하늘의 뜻이 아니라 자신에 대한 지나친 과신이 부른 역사적 필연임을 은연중에 강조하고 있다.

048

지위는 높고 금전도 많다

位高金多 | 위고금다

『사기』

위고금다(位高金多)는 출세한 사람을 비유하는 말로 『사기』「소진 열전(蘇秦列傳)」에 나온다. 백수였던 소진이 갖은 우여곡절 끝에 합종을 성공시키고 6개국의 재상이 되자 천하의 모든 것이 달라졌다. 소진은 북쪽으로 조(趙)나라 왕에게 가는 길에 낙양을 지나게 되었다. 짐을 실은 수레가 끝도 없이 펼쳐졌으며, 제후들마다 보낸 사신과 전송하는 자가 많아 군주의 행차에 견줄 만했다. 일전에는 소진을 무시했던 주나라 현왕(顯王)도 이런 소문을 듣고 두려워 그가 지나갈 자리를 깨끗이 쓸도록 하고 교외까지 사람을 보내 그를 맞이하게 할 정도였다. 소진은 형님 집 앞을 지나다가 옛 생각이 나 잠시 들러 보았다. 그런데 늘 자신을 비웃던 소진의 형제와 형수가 곁눈으로 볼 뿐 감히 고개를 들어 바라보지 못하며 고개를 숙인 채 식사를 하니 소진이 웃으면서 형수에게 말했다.

"어찌하여 이전에는 오만하더니 나중에는 공손합니까?"

이 말에 형수는 어쩔 줄 몰라 몸을 굽혀 기어오다시피 하면서 얼굴을 땅에 대고 말했다.

"서방님의 지위가 높고 금전이 많다는 것을 보았기 때문입니다.(見季子位高金多也.)"

이에 소진은 한탄하며 말했다.

"이 한 몸도 부귀해지자 친척들이 두려워하고 가난하면 업신여기는데, 하물며 일반 사람들이야 오죽하랴. 만일 나에게 낙양성 주변에 밭이 두 이랑만 있었던들 어찌 여섯 나라 재상의 인수를 찰 수 있었을까!"

그러고는 천금을 풀어 일족과 친구들에게 나눠 주었다. 가난과 굴욕이 오늘의 자신을 만들었다는 푸념에서 가능성이나 재능이 아닌 돈과 지위만으로 사람을 평가하는 세태가 서글프게 다가온다.

049

최고의 선은 물과 같다

上善若水 | 상선약수

『노자』

"최고의 선은 물과 같다. 물은 만물을 이롭게 하는 데 뛰어나지만 다투지 않고, 모든 사람들이 싫어하는 곳에 머문다. 그러므로 도에 가깝다.(上善若水. 水善利萬物而不爭, 處衆人之所惡, 故幾於道.)"

『노자』 8장 첫머리에 나오는 말이다. 사람은 높은 곳을 향하고 물은 낮은 곳을 향한다는 말이 있다. 모든 사람이 아래에 있기 싫어하지만 물은 그 반대라는 것이 노자의 생각이다. 이롭게 함, 다투지 않음, 남들이 싫어하는 곳에 처함이라는 물의 세 가지 속성이 집약된 말이 바로 '상선약수'이다.

'상선'이란 '상덕(上德)'과 같은 말이다. 노자는 '도'를 물과 같은 선상에 놓고 물과 같은 존재가 되라 한다. 늘 낮은 곳에 처하면서 남과 다투지 않으면서도 생명의 근원이 되는 바로 그런 존재 말이다. 물은 만물을 이롭게 하고 낮은 곳에 처하면서 자기만을 고집하지 않는다. 따라서 물은 자기를 잃지 않으므로 무위자연인 도(道)를 터득한 성인과 같으며, 말 없는 교화와 무위의 유익함을 상징하는 것이다. 이것이 '이만물(利萬物)'이라는 물의 첫 번째 특성을 부각시킨 것이다. 유약함을 특성으로 하면서도 이로움을 주는 물의 무위야말로 우주 운행의 이치일 뿐 아니라 개인적 행위의 필수 요건이기도 하다.

『논어』에는 다음과 같은 자공의 말이 나온다.

"주(紂, 은나라 마지막 군주)의 악행이 그토록 심한 것은 아니었다. 이 때문에 군자는 (강의) 하류에 머무는 것을 싫어하니 천하의 악이 모두 그곳으로 돌아가기 때문이다.(紂之不善, 不如是之甚也. 是以君子惡居下流, 天下之惡皆歸焉.)"(「자장(子張)」)

자공의 말은 곧 유가의 논점으로, 바로 노자가 반대하는 것이다.

다시 노자에게로 돌아가 보면 이 장의 맨 마지막 구절은 "다투지 않으므로 허물이 없게 된다.(不爭無尤.)"이다. 욕심을 내려놓고, 남과 다투거나 경쟁하지 않고 순리대로 물처럼 사는 인생은 정녕 누구나 꿈꿀 만한 아름다운 삶이 아니겠는가.

050

고운 숫돌에 갈아야 날카롭게 할 수 있다

砥厲能利 | 지려능리

『순자』

지려능리(砥厲能利)는 명품이란 끊임없는 단련의 과정을 거쳐 탄생한다는 뜻의 말로, 여기에서 '려(厲)' 자는 '려(礪)'의 의미다. 『순자』 「성악(性惡)」 편에서 순자는 제나라 환공의 총(蔥), 강태공의 궐(闕), 주나라 문왕의 녹(錄), 초나라 장왕의 홀(曶), 오왕 합려의 간장(干將)과 막야(莫耶), 거궐(鉅闕)과 벽려(辟閭) 등은 모두 고대의 훌륭한 검이라고 말하고는 이렇게 덧붙였다.

"(고운) 숫돌에 갈지 않으면 날카로워질 수 없고, 사람의 힘을 들이지 않으면 자를 수 없다.(不可砥厲, 則不能利, 不得人力, 則不能斷.)"

간장과 막야를 비롯한 천하의 명검들은 좋은 재료를 가지고 끊임없는 시행착오와 단련의 과정을 거쳐서 탄생한 것이지 저절로 만들어진 것이 아니라는 것이다. 『오월춘추』의 「합려내전(闔閭內傳)」에 나오는 간장막야 이야기처럼 말이다.

당시 오나라 왕이던 합려는 간장을 불러 검 두 자루를 만들도록 명령했다. 간장은 나라에서 제일가는 대장장이임을 공식적으로 인정받았기에 명성에 걸맞게 최선을 다해 칼을 만들고자 했다. 그는 정선된 질 좋은 청동으로 칼을 주조하기 시작했는데, 이 청동은 3년이 지나도록 녹지 않았다. 왕은 매일 독촉하는데 청동은 녹을 기미조차 보이지 않으니 그는 걱정이 이만저만이 아니었다. 어떻게 하면 청동을 하루속히 녹여 칼을 만들 수 있을까 하는 고민에 뜬눈으로 밤을 새우는 날이 많았다. 그러던 중 그의 아내 막야가 방법을 알아냈는데 바로 부부의 머리카락과 손톱을 넣어 청동과 함께 녹이는 것이었다. 비로소 청동을 녹여 손색없는 천하의 명검을 만들어 낸 간장은 음양의 원리에 따라 양(陽)으로 된 칼에는 간장이라는 이름을 새기고 음(陰)으로 된 칼에는 막야라고 새겼다.

순자의 사유는 사람의 품성이란 주어진 환경이나 주변 사람의 영향을 깊이 받는다는 것으로, 본래 악한 인간의 본성에 '작위(僞)'란 필요악일 수밖에 없다는 논지를 바탕으로 한다.

051

손으로 터득하여 마음에서 느낀다

得手應心 | 득수응심

『장자』

득수응심(得手應心)은 손 가는 대로 따라가도 마음과 서로 호응한다는 말로, 일하는 것이 매우 능숙하여 자연스럽다는 뜻이다. 득심응수(得心應手)라고도 한다. 『장자』 「천도(天道)」 편에 다음과 같은 이야기가 있다.

제나라 환공이 대청 위에서 글을 읽고 있을 때 윤편(輪扁)은 뜰아래에서 수레바퀴를 깎고 있었다. 그가 망치와 끌을 놓고 올라와 환공에게 "왕께서 읽고 계신 것이 무슨 말씀이신지 감히 여쭙고 싶습니다."라고 하자 환공은 성인의 말씀이라고 답했다. 윤편이 성인은 살아 있는 분이냐고 묻자 이미 죽었다는 답이 돌아왔다. 그렇다면 옛사람의 찌꺼기 혼백일 뿐이라고 윤편이 한마디 덧붙이자, 환공은 대뜸 수레바퀴공 따위가 어찌 논의에 끼어드냐고 하면서 근거를 대지 않으면 죽여 버리겠다고 했다. 윤편의 대답은 이러했다.

"신은 신이 하고 있는 일로 그 일을 보았습니다. 수레바퀴를 깎을 때 엉성하게 깎으면 헐렁해져 견고하지 않고, 꼭 끼게 깎으면 빠듯해서 서로 들어맞지 않습니다. 엉성하지도 않고 꼭 끼지도 않는 것은 손에 익고 마음에 호응하여 이루어지는 것이지, 입으로 말할 수 없습니다.(不徐不疾, 得之於手, 而應於心, 口不能言.) 거기에는 법도가 존재하기는 합니다만 저는 그것을 제 아들에게 가르쳐 줄 수 없고, 제 아들도 그것을 제게서 배울 수가 없습니다. 그래서 나이 칠십 노인이 되도록 수레바퀴를 깎고 있는 것입니다. 옛사람과 그의 전할 수 없는 정신은 함께 죽어 버린 것입니다. 그러니 주군께서 읽고 계신 것은 옛사람들의 찌꺼기 혼백일 뿐입니다."

오랜 기간 동안 전심(專心)과 자기 수양의 과정을 거치면서 손과 마음의 감각을 터득한 뒤에야 어디에도 얽매이지 않는 경지에 올라설 수 있다는 것이다. 마음과 손에 따르는 것은 천지자연의 이치에 순응하는 것이기 때문에 막히거나 걸리지 않는다는 논리이다. 윤편이 보기에 과거의 틀에 사로잡혀 옛사람의 죽은 글을 통해 도를 깨우치려 드는 것은 어리석을 수밖에 없는 것이다.

052

그것을 알면 안다고 하고
알지 못하면 알지 못한다고 하다

知之爲知之, 不知爲不知 | 지지위지지, 부지위부지

『논어』

지지위지지, 부지위부지(知之爲知之, 不知爲不知)는 앎의 기본을 말한 명구로 『논어』「위정」편에 나온다. 공자는 자신보다 아홉 살 어린 제자 자로에게 이렇게 말했다.

"너에게 안다는 것이 무엇인지 가르쳐 줄까? 어떤 것을 알면 그것을 안다고 하고 알지 못하면 알지 못한다고 하는 것, 이것이 (진정으로) 아는 것이다.(誨女知之乎. 知之爲知之, 不知爲不知, 是知也.)"

아는 것과 아는 척하는 것의 차이를 말한 공자의 말은 앎의 기본이 정직함이라는 것을 지적하고 있다. 맨 마지막의 '지(知)' 자는 지혜를 뜻한다. 모르고도 안다고 하거나 다른 사람을 속이며 아는 척하는 것은 앎의 기회를 스스로 포기하는 것이다. 이 말은 "알아야 할 것은 그것을 알아야 하고, 알지 않아도 되는 것은 알려고 하지 않는다."라고 해석되기도 한다. 어떤 학자들은 배워야 할 것이 많은데 굳이 쓸데없는 것까지 배울 필요가 있겠느냐는 의미로 풀이하기도 하는데, 이는 공자의 원의를 과대 해석한 것으로 보인다.

공자의 '지'에 대한 태도는 어떠했는가? 공자가 태묘에 가서 모든 것을 하나하나 묻자 어떤 사람이 공자를 비꼬아 "누가 추 땅의 아들(공자를 가리킴)이 예를 안다고 말했는가? 태묘에 들어서는 매사를 묻더라."(『논어』「팔일」)라고 하자 공자는 "이것(매사를 묻는 것)이 예다."라고 되받아쳤다. 공자의 말은 매사에 스스로 판단하는 것을 경계하고, 모든 것을 절차를 거쳐 물어본 뒤 처신하는 자세가 필요하다는 것이다. 공자가 말하는 앎이란 근신의 미덕에서 나온다. 말하자면 '지'란 안으로는 충실하지 못한 부분이 있는지 반성하고 밖으로는 존현(尊賢)의 자세로 태만함과 오만함을 경계하며 진정한 학문의 길을 가라는 메시지이다. "배우고 때때로 그것을 익히면 이 또한 기쁘지 않은가.(學而時習之, 不亦說乎.)"라는 『논어』 첫 구절도 이런 맥락일 터이다.

053

한번 울면 사람을 놀라게 한다

一鳴驚人 | 일명경인

『사기』

일명경인(一鳴驚人)은 평상시에는 아무런 내색도 하지 않다가 갑자기 사람을 놀라게 할 만한 업적을 내는 것을 비유하는 말로, 한번 날면 하늘 높이 난다는 뜻의 일비충천(一飛沖天)과 함께 쓰인다.

"이 새는 날지 않으면 그만이지만 한번 날았다 하면 하늘 높이 날아오르고, 울지 않으면 그만이지만 한번 울었다 하면 사람들을 놀라게 할 것이다.(此鳥不飛則已, 一飛沖天; 不鳴則已, 一鳴驚人.)"(『사기』「골계 열전」)

이 말은 익살과 해학의 달인 순우곤(淳于髡)과 제나라 위왕(威王)의 대화에서 나온 말이다. 당시 위왕은 수수께끼를 좋아하고 음탕하게 놀며 밤새도록 술 마시기를 즐겨 나랏일을 돌보지 않고 정치는 경대부에게 맡겨 버렸다. 문무백관들은 문란해지고 제후들이 동시에 침략하니 나라의 존망이 위태로웠다. 그런데도 주위 신하들 가운데 감히 간언하는 자가 없었다.

그래서 순우곤이 수수께끼를 좋아하는 왕에게 "나라 안에 큰 새가 있는데, 대궐 뜰에 멈추어 있으면서 3년이 지나도록 날지도 않고 울지도 않고 있습니다. 왕께서는 이것이 어떤 새인지 아십니까?"라고 말하자, 왕이 위와 같이 답하여 자신의 존재감을 은연중에 내비쳤던 것이다. 이후 위왕은 민심을 추스르고 군대를 정돈하여 잃었던 영토를 되찾고 무려 36년 동안 맹위를 떨쳤다.

위왕과 관련된 이야기가 또 하나 있다. 위왕 8년에 초나라가 쳐들어오자, 왕이 순우곤에게 황금 100근, 사두마차 10대를 가지고 조나라에 가서 구원병을 청하게 하니 순우곤은 겨우 이 정도의 예물로는 어림없다고 했다. 위왕이 다시 황금 1000근, 백벽(白璧) 10쌍, 사두마차 100대를 주어 구원병을 청하게 하자, 결국 성공하여 조나라는 정예병 10만과 전차 1000대를 내주었다. 이에 만족한 위왕은 주연을 베풀어 자축했다. 시국에 어울리지 않는 위왕의 행태가 못마땅했던 순우곤은 "술이 극도에 이르면 어지럽고 즐거움이 극도에 이르면 슬퍼진다.(酒極則亂, 樂極則悲.)"(「골계 열전」)라는 말로 그를 일깨워 주었다.

054

교묘하고 속이는 것은
옹졸하고 성실한 것만 못하다

巧詐不如拙誠 | 교사불여졸성

『한비자』

교사불여졸성(巧詐不如拙誠)에서 '교사'는 기교사위(機巧詐僞)의 준말이고 '졸성'은 본졸성실(笨拙誠實)의 준말이니, 교묘하고 위장된 행동보다는 투박하고 우직하며 성실한 마음 자세가 더 중요하다는 말이다. 『한비자』 「설림 상」 편에 이런 이야기가 있다.

악양(樂羊)이란 위(魏)나라 장수가 중산(中山)을 공격했는데, 그의 군주 문후가 악양의 아들을 삶아 요리를 만들어 악양에게 보내자 악양은 그것을 먹어치웠다. 이 소식을 들은 문후가 "악양은 나를 위하여 제 자식의 고기를 먹었다."라고 말하면서 그 충성을 높이 평가하자 곁에 있던 신하는 달리 말했다. "제 자식의 고기를 먹은 자입니다. 그러니 어느 누구인들 안 잡아먹겠습니까?" 이에 문후는 악양을 겉으로만 치하하고 그의 속마음은 믿지 않게 되었다.

한비는 또 다른 비유를 들었다. 맹손(孟孫)이란 자가 어린 사슴을 사냥

해 가신인 진서파(秦西巴)에게 가지고 돌아가도록 했다. 그런데 사슴의 어미가 따라오면서 울부짖자 진서파는 참지 못하고 새끼를 어미에게 주었다. 맹손이 돌아와 잃어버린 새끼를 찾자 진서파가 대답했다. "제가 차마 견딜 수 없어서 사슴의 어미에게 주었습니다." 맹손은 매우 노여워하며 그를 내쫓았다. 그런데 석 달이 지난 뒤 맹손은 그를 다시 불러 자식의 스승으로 삼았다. 맹손의 수레를 모는 자가 궁금하여 물어보았다. "지난번에는 죄를 내리시더니, 오늘은 불러서 자식의 스승으로 삼는 것은 무엇 때문입니까?" 맹손의 답은 이러했다. "어린 사슴이 가련해 못 견딜 정도이니 사람 자식은 얼마나 귀하게 여기겠는가? 내 자식을 맡기기에 가장 적임자라고 생각했기 때문이다."

한비는 "교묘하고 속이는 것은 옹졸하고 성실한 것만 못하다. 악양은 공을 세웠으나 의심을 받았고, 진서파는 죄를 지었으나 신임을 더했다.(巧詐不如拙誠. 樂羊以有功見疑, 秦西巴以有罪盆信.)"(「설림 상」)라고 두 사람을 다르게 평가했다. 공자가 교언영색(巧言令色)하는 자에게는 인(仁)이 드물다고 했던 것도 다 이유가 있는 것이 아닌가.

도끼를 훔친 것 같지 않다

無似竊鈇 | 무사절부

『열자』

무사절부(無似竊鈇)는 품었던 의심을 풀면 모든 망상이 사라진다는 의미로, 의심을 품으면 귀신도 생긴다는 의심암귀(疑心暗鬼)와 비슷하다. 선입견으로 판단을 그르치지 말라는 경고의 메시지를 담고 있다. 『열자(列子)』「설부(說符)」 편에 이런 이야기가 나온다.

"어떤 사람이 도끼를 잃어버리고는 그 이웃집 아들을 의심했다. 그의 걸음걸이를 보아도 도끼를 훔친 것 같고 낯빛도 도끼를 훔친 사람 같고 말씨도 도끼를 훔친 사람 같았다. 동작과 태도 또한 도끼를 훔친 사람 같았다. 얼마 지나서 골짜기를 파다가 그 도끼를 찾았다. 다음 날 다시 그 이웃집 아들을 보니 동작과 태도가 도끼를 훔친 사람 같지 않았다.(他日復見其鄰人之子, 動作態度, 無似竊鈇者.)"

사람은 무언가에 집착하게 되면 편견을 가지고 모든 일이나 사람을 대하게 된다. 같은 행동에 대해서도 평가가 정반대가 될 수 있다는 것은 선입견이 얼마나 무서운 위력을 갖고 있는지 알려주는 단서다.

이와 비슷한 사례가 『한비자』「세난(說難)」 편에도 나온다. 송나라에 한 부잣집이 있었는데 비가 내려 담장이 무너졌다. 그 집 아들이 말했다. "담장을 세우지 않으면 반드시 도둑이 들 것입니다." 이웃의 부로(父老)도 똑같은 말을 했다. 과연 저녁이 되어 정말로 재물을 크게 잃었다. 그러자 집안사람들은 그 아들은 매우 지혜롭다고 했으나, 이웃의 부로는 의심했다.

인간의 편견은 일상적으로 존재하는 것이고 피하기 힘든 것이기도 하다. 편견에 사로잡혀 상대를 대할 때 오판의 가능성은 더 커지는 법이며 상대방은 심각한 상처를 입을 수도 있다.

꽃 떨어지는 시절

落花時節 | 낙화시절

두보, 「강남봉이구년」

시성 두보의 많지 않은 절구 가운데 감정의 함축이 깊은 시 「강남에서 이구년을 만나다(江南逢李龜年)」에 나오는 말이다.

기왕(岐王)의 집에서 항상 그대를 보았었네	岐王宅裏尋常見
최구(崔九)의 정원에서 노랫소리 몇 번이나 들었던가	崔九堂前幾度聞
지금 이 강남의 한창 좋은 풍경인데	正是江南好風景
꽃 떨어지는 시절에 다시 그대를 만났구려	落花時節又逢君

두보가 현종의 총애를 받던 명가수 이구년을 자주 보았던 때는 둘 다 젊었던 시절이었다. 두보 역시 왕족에게 시재(詩才)를 인정받아 권세가의 집을 드나들던 좋은 시절에 이구년의 노래를 감상했던 것이다. 그러던 두 사람이 시간이 한참 지나 강남에서 우연히 상봉하게 되었다. '낙화시절(落花時

節)'은 옛날의 추억과 대비되는 현재 자신의 암담한 처지를 비유하는 시어로, 한때 유명했던 노가수와 노시인이 시대와 사회를 등지고 강남에서 다시 만난 비참한 현실을 각인시킨다. 3구의 '정시(正是)'와 4구의 '우(又)'라는 단어는 시 전체에 무한한 감개를 깃들게 한다. 화려했던 과거를 뒤로한 채 둘 다 떠돌이의 처지로 만나 느끼는 바로 그 감정 말이다. 두 사람의 화려했던 과거의 모습이 전반 두 구라면 두 사람이 처한 쇠락의 징표는 후반 두 구절이다. 떠도는 나그네의 모습인 '낙화시절'은 '호풍경(好風景)'이란 표현과 대비된다.

우리가 눈여겨볼 점은 '낙화시절'이 일차적으로는 이구년과 상봉한 때이지만 이구년과 시인 자신의 모습에서 더 나아가 당시의 당 제국의 모습을 모두 담고 있다는 점이다. 물론 '우봉(又逢)'이란 말은 미래에 대한 희망도 어느 정도 표현하고 있기도 하다.

잘나가는 시절에 '낙화시절'이란 단어를 떠올리기란 쉽지 않지만 우리를 일깨우는 말은 많다. 권불십년(權不十年), 화무십일홍(花無十日紅)이라는 말도 여전히 유효하지 않은가.

057

허물을 고쳐 스스로를 새롭게 하다

改過自新 | 개과자신

「사기」

개과자신(改過自新)은 허물을 고쳐 재기한다는 의지를 표현한 말로 개과천선(改過遷善), 개사귀정(改邪歸正)과 같다. 『사기』 「편작·창공 열전」에서 명의 태창공(太倉公) 순우의(淳于意)의 막내딸이 황제에게 올린 글 중에 나온 말이다.

순우의는 젊어서부터 의술을 좋아하여 고후(高后, 여 태후) 8년에 고향 원리(元里)의 공승(公乘)인 양경(陽慶)에게서 의술을 배웠다. 당시 양경은 일흔이 넘었는데도 아들이 없었으므로 순우의가 이전에 배운 의술을 버리게 한 뒤 자신의 비밀스러운 의술을 모두 가르쳐 주고 황제와 편작이 지은 맥서를 전해 주었다. 맥서에는 얼굴에 나타나는 다섯 가지 색깔로 질병을 진단하여 환자의 생사를 알고 의심스러운 증세를 판별해 치료법을 결정하는 내용이 담겨 있었으며, 약리(藥理)에 관한 견해도 매우 정밀했다. 순우의는 이것들을 전수받는 3년 동안 사람들의 병을 치료하고 생사를 판단해 주기도 했는데 효험을 많이 보았다. 그러나 그는 여기저기 제후국들을 돌아다니며 자기 집을 집으로 생각하지 않았고, 어떤 때는 사람에 따라 질병을 치료해 주지 않았으므로 많은 환자들이 그를 원망했다.

문제(文帝) 4년에 어떤 사람이 고발하는 글을 올려 순우의는 신체를 불구로 만드는 형벌인 형죄(刑罪)에 처해지게 되었다. 그는 역마(驛馬)를 통해 서쪽 장안으로 압송되었다. 순우의는 딸이 다섯이나 되었는데 사내아이를 낳지 못해 자식이 있어도 쓸모가 없다고 탄식하자 막내딸이 나서서 관청의 노비가 되어 아버지의 형죄를 속죄하게 해 달라고 왕에게 간청하며 말했다.

"소첩이 매우 비통한 것은 죽은 자는 다시 살아날 수 없고 형죄를 받은 자는 다시 이전처럼 될 수 없다는 것입니다. 비록 허물을 고쳐 스스로 새롭게 하고자 하나 그렇게 할 방법이 없으니 끝내 기회를 얻을 수 없을 것입니다.(妾切痛死者不可復生而刑者不可復續, 雖欲改過自新, 其道莫由, 終不可得.)"

이 글을 본 문제는 그 마음을 측은하게 여겨 그해에 육형법을 없앴다.

058

공이 한 삼태기 때문에 이지러진다

功虧一簣 | 공휴일궤

『상서』

공휴일궤(功虧一簣)는 사소한 방심으로 거의 완성된 사업을 헛되게 할 수도 있다는 의미다. 구인일궤(九仞一簣), 미성일궤(未成一簣)라고도 한다. 궤(簣)는 광(筐) 자와 같으며 흙을 담는 도구로 대나무로 만든다.

『상서』 「여오(旅獒)」 편에 이런 이야기가 있다. 주나라 무왕(武王)이 은나라를 멸망시킨 지 얼마 되지 않았을 때 일이다. 남방의 이족인 만족(蠻族)은 주나라의 세력이 강해지자 앞다투어 공물을 바치며 친교를 맺으려고 했다. 그 가운데 여(旅)라는 나라에서 오(獒)라는 개를 바쳤는데, 키가 넉 자나 되고 사람의 말귀도 알아듣는 명견이었다. 무왕은 이 선물을 받고 매우 기뻐했다. 이때 무왕의 동생 소공(召公) 석(奭)이 무왕의 느슨해진 마음을 경계하여 다음과 같이 노래했다.

"아, 밤낮으로 근면하지 않을 수 없으니, 사소한 행동에 힘쓰지 않으면 끝내 큰 덕을 이루지 못하리라. 아홉 길의 흙산을 만들다가 공은 한 삼태

기 흙으로 이지러진다.(嗚呼. 夙夜罔或不勤. 不矜細行, 終累大德, 爲山九仞, 功虧
一簣.)"

천하 통일이 눈앞에 있는데 조금이라도 빈틈이 있으면 이룰 수 없음을
경고하여 말한 것이다. 여기서 '구인(九仞)'은 63척인데, 일설에는 72척이라
고도 하며 높은 것을 가리키는 말이다. 『논어』「자한」편에서 공자도 학문
하는 것에 대해 이런 말을 했다.

"비유하자면 산을 쌓는 것과 같으니, 한 삼태기의 흙을 이루지 못하고
그만두어도 내가 그만둔 것이다. 비유하자면 땅을 고르는 것과 같으니, 한
삼태기의 흙을 부어서 나아갈지라도 내가 (나아)가는 것이다.(譬如爲山, 未成
一簣, 止, 吾止也, 譬如平地, 雖覆一簣, 進, 吾往也.)"

학문이란 사소한 방심으로도 쉽게 무너질 수 있음을 비유한 말이다. 시
종여일(始終如一)이란 말도 따지고 보면 마지막까지 초심을 유지하여 끝을
맺기가 그토록 어려움을 나타낸 것이다. 일의 성패란 누가 끝까지 최선을
다해 마침표를 찍는가에 달려 있는 것이 아니겠는가.

059

쓸모없는 것의 쓰임

無用之用 | 무용지용

『장자』

'쓸모없는 것의 쓰임'이라는 뜻의 무용지용(無用之用)은 세속적인 안목으로는 별로 쓰임이 없어 보이는 것이 오히려 큰 쓰임이 있다는 의미다.

"산에 있는 나무는 사람들에게 쓰이기 때문에 잘려 제 몸에 화를 미치고, 기름불의 기름은 밝기 때문에 불타는 몸이 된다. 계피는 먹을 수 있기 때문에 그 나무가 베이고, 옻은 칠하는 데 쓸 수 있기 때문에 그 나무가 잘리거나 찍힌다. 사람들은 모두 쓸모 있는 것의 쓰임만을 알 뿐 쓸모없는 것의 쓰임을 알지 못한다.(人皆知有用之用, 而莫知無用之用也.)"(『장자』「인간세(人間世)」)

이 말은 초나라의 미치광이 접여란 자가 공자가 머물던 문밖에서 비꼬아 한 것으로 알려져 있다. 우리가 판단하는 기준이 나무의 입장과는 판이한 것을 지적하여 어설픈 지식으로 사물을 함부로 재단하는 편협함을 꼬집은 것이다. 장자 역시 무용과 유용의 근본적 차이에 대해 같은 입장이었다.

『장자』 「산목(山木)」 편에 이런 이야기가 나온다. 장자가 산속을 가다가 큰 나무를 보았는데 잎과 가지가 무성했다. 곁에 있는 나무꾼이 나무를 베려 하지 않으므로 까닭을 물었더니 "쓸 만한 데가 없습니다."라고 대답했다. 장자가 말했다.

"이 나무는 재목감이 안 되므로 주어진 나이를 다할 수 있구나."

그러고는 산을 나와 옛 친구 집에 찾아갔다. 친구가 매우 반기며 심부름하는 아이에게 기러기를 죽여 대접하라고 하자, "그중 한 놈은 잘 울고 다른 한 놈은 울지 못합니다. 어느 쪽을 죽일까요?"라고 아이가 물었다. 이에 주인은 "울지 못하는 놈을 죽여라."라고 했다.

이튿날 제자가 장자에게 물었다.

"어제 산속의 나무는 쓸모가 없어서 천수를 다할 수가 있었는데, 지금 집주인의 기러기는 쓸모가 없어서 죽었습니다. 선생님은 대체 어느 입장에 머물겠습니까?"

장자의 답은 이러했다.

"쓸모 있음과 없음의 중간에 머물고 싶다. …… 영예와 비방이 없고 용이 되었다가 뱀이 되듯이 신축자재(伸縮自在)하여, 때의 움직임과 함께 변하며 한군데에 집착하지 않으련다."

장자의 말처럼 유연한 마음으로 만물의 근원인 도에 노닐면서 만물을 주재하여 화를 피해 가는 지혜를 터득해 보자.

060

그 근심을 견디지 못하다

不堪其憂 | 불감기우

『논어』

불감기우(不堪其憂)는 보통 사람은 궁핍한 삶의 근심을 견뎌 내지 못한 다는 의미로, 공자가 한 말이다.

"현명하구나, 안회여! 한 대광주리의 밥과 한 표주박의 마실 것으로 누 추한 골목에 살면서, 다른 사람들은 그 근심을 견디지 못하는데 안회는 그 즐거움을 바꾸려 하지 않으니, 어질구나, 안회여!(賢哉回也! 一簞食, 一瓢飮, 在 陋巷, 人不堪其憂, 回也不改其樂. 賢哉回也!)"(『논어』「옹야」)

공자 특유의 날카로운 시각이 돋보이는 이 구절은 호학 정신이 투철한 안회에 대한 찬사다. 공자가 보기에 보통 사람은 물질적 욕망을 충족하는 것에서 만족을 느끼지만, 안회는 정반대로 삶의 기본 문제라 할 수 있는 의 식주에 초연하고 형이상학적인 문제만을 추구한다는 것이다. 물론 공자도 안회처럼 생계 문제에 초연하려 했다. 공자는 말한다.

"거친 밥을 먹고 (차가운) 물을 마시며, 팔을 굽혀 베개로 삼으면 즐거움도 그 속에 있다. 의롭지 못하고 잘살고 귀하게 되는 것은 나에게는 뜬구름과 같은 것이다.”(『논어』「술이」)

공자의 제자 중에는 가난한 집 출신이 많았다. 그의 나이 35세 이전의 제자들도 그러했고, 제나라와 주나라에 갔다가 고국 노나라로 돌아온 36세 이후부터 54세까지도 염옹과 염구, 안회 등 여전히 가난한 자가 많았다. 위(衛)나라 상인 출신으로 돈이 많았던 자공만이 예외인 정도다. “군자는 도를 도모하지, 먹을 것을 도모하지 않는다. …… 군자는 도를 걱정하지 가난을 걱정하지는 않는다.”(『논어』「위령공」)라고 말했듯, 공자가 추구했던 것은 ‘도(道)’였지 ‘식(食)’과 ‘부(富)’가 아니었다. 그랬기에 제자들의 출신을 고려하지 않는 평등 교육을 가르침의 방향으로 삼았던 것이다. 물질적 가치에 대한 집착을 버려야만 제대로 된 학문의 길로 들어설 수 있다는 공자의 논점은 오늘날의 현실에서 보더라도 새겨 볼 가치가 꽤 있지 않은가.

061

푸른 하늘에 벼락이 치다

靑天霹靂 | 청천벽력

육유, 「구월사일계미명기작」

청천벽력(靑天霹靂)은 생각지도 못한 돌발 사고나 급박한 상황이 벌어지는 것을 비유한다. '청천'은 '청천(晴天)'과 같으니 마른하늘에 날벼락이란 의미다.

남송의 시인 육유(陸游)는 자가 무관(務觀)이고 호는 방옹(放翁)이며, 금나라가 쳐들어왔을 때 중원을 함락시킨 이민족에 맞서 싸우자고 부르짖었으나 받아들여지지 않자 실의 속에서 국토가 회복되기만을 바라며 살아갔던 애국 시인이다. 9000여 수나 되는 그의 시에는 대체로 현실에 대한 고뇌와 비분강개의 심정이 짙게 드리워져 있다.

'청천벽력'이라는 말은 그의 오언고시 「9월 4일 닭이 울기 전에 일어나 짓다(九月四日鷄未鳴起作)」에 나온다.

(나) 방옹은 병이 들어 가을을 지내다가　放翁病過秋

홀연히 일어나 술 취한 먹으로 짓는다　　忽起作醉墨

마침 오랫동안 머물러 있는 용과 같이　　正如久蟄龍

푸른 하늘에 벼락이 휘몰아친다　　靑天飛霹靂

비록 괴기하게 떨어졌다고 말하지만　　雖云墮怪奇

한참 동안 참고 묵묵히 있으려고 한다　　要勝常憫默

하루아침에 이 늙은이가 죽으면　　一朝此翁死

천금을 가져와도 얻지 못하리　　千金求不得

　이 시의 시간적 배경은 가을이 끝나 갈 무렵인 음력 9월이다. 여름에서 늦가을까지 병마에 허덕이던 육유는 어느 날 병을 이겨 낸 것 같은 생각이 든다. 마치 술에 취하듯 흥겹게 붓을 놀려 보지만 여전히 말을 듣지 않는 몸처럼 시는 전반적으로 음습한 분위기이다. 삶의 의미를 손아귀에 움켜쥐려는 강한 의지도 지금 상황에서는 무기력해 보인다. 이 시에서 ‘용(龍)’은 자신을 비유하는데, 용은 하늘로 올라갈 때 벼락과도 같은 모습이라고 한다. 그러나 병마를 겪은 그가 어떻게 해 볼 도리는 거의 없다. 자신의 가치와 역할에 대해 떨어보는 너스레도 허공의 메아리일 뿐이다. 몸이 힘겨울지라도 삶을 진지하게 대하는 태도와 현실에 짓눌려 움츠린 모습이 작품 속에 그대로 드러나 있다.

062

회계산의 치욕

會稽之恥 | 회계지치

『사기』

회계지치(會稽之恥)에서 '치(恥)' 자는 '치(耻)'로도 쓰는데, 가슴에 치욕을 품고 살았던 월나라 왕 구천(句踐)이 스스로에게 다짐한 말로 원문은 "너는 회계산에서의 치욕을 잊었는가.(女忘會稽之恥邪.)"(『사기』「월왕 구천 세가」)이다.

먼저 월나라를 공격한 자는 오나라 왕 합려(闔閭)였다. 그는 구천의 아버지 윤상(允常)이 세상을 떠나자 상사를 틈타 공격했으나 구천의 용병으로 오히려 상처를 입고 세상을 떠나면서 "월나라를 절대 잊지 말라."라는 말과 함께 아들 부차(夫差)에게 자리를 물려주었다. 부차는 유언을 받들어 오자서와 백비를 임용하고 섶 위에서 잠을 자는 '와신(臥薪)' 끝에 회계산의 싸움에서 월나라를 쳐부수고 구천을 사로잡았다. 그런데 부차는 오자서가 "지금 때를 맞추어 그를 제거하지 않고 그냥 놓아준다면 나중에는 더욱 처리하기 어렵지 않겠습니까? 더욱이 구천은 사람됨이 능히 곤란을 잘 견뎌내니 지금 그를 제거하지 않으면 후에 반드시 후회할 것입니다."라고 간언했지만 듣지 않고 구천을 풀어 주었다.

가까스로 목숨을 건지고 월나라로 돌아간 구천은 상담(嘗膽), 즉 쓴 쓸개를 매달아 놓고 핥아 가면서 칼을 갈았다. 몸소 밭을 갈고 부인은 길쌈을 하며, 고기를 먹지 않았으며 홑옷만을 입었다. 또한 자세를 낮추어 어진 이를 공경하고 가난한 사람을 도우며 죽은 자를 애도하는 등 백성과 함께하면서 민심을 얻었다. 이와 같이 처절한 복수가 준비되고 있다는 것을 오자서는 알았지만 부차는 몰랐다. 치욕을 겪은 지 22년 만에 마침내 구천은 부차를 이기고 오나라를 평정하여 제나라와 회맹하고 초나라, 송나라, 노나라와 우호 관계도 구축하면서 패왕(覇王)의 자리를 굳혔다. '상담'이 '와신'을 이긴 것이다.

빛을 감추고 그믐 속에서 자신을 기른다는 도광양회(韜光養晦)란 말이 있다. 늘 자신의 목표를 마음에 새기고 때를 기다리며 연마하다 보면 뜻을 이루는 날이 온다. 마지막에 웃는 자가 승리자 아니겠는가.

063

부유하면 그 덕을 행한다

富行其德 | 부행기덕

『사기』

　부행기덕(富行其德)은 가진 자의 덕목을 말한 것으로 도주공(陶朱公) 범려가 베푼 나눔의 미덕을 찬탄한 말이다.

　"군자가 부유하면 덕을 실천하기를 즐기고, 소인이 부유하면 자신의 능력에 닿는 일을 한다. 못은 깊어야 고기가 살고, 산은 깊어야 짐승이 오가며, 사람은 부유해야만 인의가 따른다. 부유한 사람이 세력을 얻으면 세상에 더욱 드러나게 되고, 세력을 잃으면 빈객들이 갈 곳이 없어져 즐겁게 하지 않는다.(君子富, 好行其德; 小人富, 以適其力. 淵深而魚生之, 山深而獸往之, 人富而仁義附焉. 富者得執益彰, 失執則客無所之, 以而不樂.)"(『사기』「화식 열전」)

　탁월한 투자자답게 범려는 시세의 흐름에 민감하게 반응하여 돈을 벌었다. 원래 그는 월왕 구천을 보필했는데 20여 년간 계획을 세워 마침내 오나라를 멸망시키는 일에 기여하고 상장군 자리에 올랐다. 범려는 너무 커진 자신의 명성을 유지하기 어렵다고 여겼다. 더군다나 구천의 사람됨을 보니 어려울 때는 같이할 수 있어도 편안할 때는 함께하기 어렵겠다는 생각에 사직하고 가벼운 보물만을 간단히 챙겨 집안 식솔들과 함께 배를 타고 제나라로 갔다. 이름을 치이자피(鴟夷子皮)로 바꾸고 다시 생계를 도모하자니 돈을 벌 수 있는 방법이 의외로 많았다.

그가 택한 방법은 물자를 쌓아 두었다가 시세의 흐름을 보아 내다 파는 것이었다. 말하자면 매점매석이었는데 이 방법으로 19년 동안에 천금을 손에 쥐게 되었다. 그러자 타국 출신인 범려에게 재상 자리가 주어졌다. 그 당시 제나라는 전통이 강했으며 남방의 월나라를 대단히 무시했는데, 월나라 출신의 범려에게 자리가 주어졌던 것이다. 이에 범려는 자신이 돈을 많이 가지고 있지 않았다면 과연 제나라에서 벼슬을 얻을 수 있었겠느냐는 생각이 들었다. 많은 돈을 갖고 있는 것이 부담스럽기도 했던 그는 기꺼이 재상에게 주는 인수를 반환하고 재물을 주변 사람에게 모두 나눠 준 뒤 떠나 버렸다.

미생의 믿음

尾生之信 | 미생지신

『북사』

미생지신(尾生之信)은 약속을 굳게 지키는 사람을 가리키는 말로 세상의 이치를 모르며 융통성이 전혀 없는 사람을 비판하는 말이기도 하다. 『북사(北史)』 「성엄전(成淹傳)」에 "무릇 왕이 된 자가 작은 절개에 얽매여 어찌 오롯하게 미생의 믿음을 지키겠는가.(夫爲王者不拘小節, 豈得眷眷守尾生之信.)"라는 말이 있다.

춘추 시대 노나라에 미생이라는 남자가 살았다. 하루는 사랑하는 여인과 다리 밑에서 만나기로 약속했다. 그는 약속한 시간에 그 다리 밑으로 갔지만 여인은 약속 시간이 훨씬 지나도 나타나지 않았다. 미생은 조금만 기다리면 오리라고 생각하여 계속 기다렸다. 그런데 갑자기 장대비가 쏟아지더니 개울물이 점점 불어 오르기 시작했다. 물은 처음에 미생의 발등까지밖에 닿지 않았지만 시간이 흐를수록 차올랐다. 그러나 미생은 자리를 떠나지 않은 채 다리 기둥을 붙들고 물살에 휩쓸려 가지 않으려 발버둥을 치다가 급속도로 불어나는 물에 죽고 말았다.

『장자』「도척(盜跖)」 편에는 세상에서 말하는 이른바 현사(賢士) 여섯 명을 예로 들었다. 명분 때문에 수양산에서 은둔하다 굶어 죽은 백이숙제를 시작으로 자신의 넓적다리 살을 베어 문공(文公)에게 먹였으나 문공에게 배신당하자 면산(緜山)에 들어가 나오지 않고 불타는 나무를 부여잡고 죽었던 개자추(介子推)의 사례 등을 들었다. 맨 마지막에 미생을 들어 "미생은 여자와 다리 아래에서 기약했으나, 여자가 오지 않자 물이 불어와도 떠나지 않다가 다리 기둥을 잡고 죽었다."라고 하고는 이들을 이렇게 비판했다.

"모두 명목에만 달라붙어 죽음을 가벼이 여겼고, 본성으로 돌아가 수명을 보양하려는 생각을 하지 않았다.(皆離名輕死, 不念本養壽命者也.)"

장자가 거론한 이들은 한결같이 세상의 흐름을 보지 못하고 명분이나 허명에 기대어 살면서 자신에게 주어진 삶의 무게를 깨닫지 못한 자들이다. 『회남자』「설산훈」 편에서도 "믿음이 잘못된 것(信之非)"이라고 비판한 반면, 『사기』「소진 열전」에서 소진만은 미생의 굳은 신의를 높이 평가했다.

065

깊이 있는 해석을 구하지 않는다

不求甚解 | 불구심해

도연명, 「오류선생전」

불구심해(不求甚解)는 책을 읽어 대의를 깨달을 뿐 깊이 이해하려 들지 않는다는 뜻이다. 도연명은 진(晉)나라 시인으로, 이름은 잠(潛)이고 연명은 그의 자이다. 도연명이 살던 때는 왕실과 권문세족들의 세력이 약해지고 신흥 군벌들이 각축을 벌였으며, 어수선한 정세를 틈탄 이민족의 침략과 농민 봉기 등이 끊이지 않아 백성의 생활은 도탄에 빠져 있었다.

혼돈의 시대와 불화를 겪으며 도연명은 모든 것을 내던지고 전원에 들어가 은둔하기로 결심했다. 전원으로 돌아가 사는 기쁨을 노래한 「귀거래사(歸去來辭)」란 시에도 묘사되어 있듯이 농사일을 하는 틈틈이 술에 취해 "동쪽 울타리 아래에서 국화를 따다가, 물끄러미 남산을 바라본다(採菊東籬下, 悠然見南山)"라는 식의 풍류를 즐겼다. 변변한 밭뙈기 하나 없는 어려운 삶 속에서도 그는 한가롭게 글을 읽고 시를 쓰며 행복을 느꼈던 것이다.

「오류선생전(五柳先生傳)」이라는 산문은 전기 형식을 빌려 자신의 이야기를 담담하게 표현했는데 해학적인 문투가 일품이다. 여기에서 '선생'은 물론 도연명 자신이다. 글의 첫머리는 이렇게 시작된다.

"선생은 어디 사람인지 알지 못하고 성과 자도 자세하지 않다. 집 주위에 버드나무 다섯 그루가 있어 호로 삼았다. 한가롭고 고요하며 말이 적고 명예와 실리를 도모하지 않았다. 독서를 좋아하지만 깊은 해석을 구하지는 않고 뜻 맞는 곳이 있기만 하면 기꺼이 밥 먹는 것도 잊어버린다.(先生不知何許人, 亦不詳其姓字. 宅邊有五柳樹, 因以爲號焉. 閑靖少言, 不慕榮利, 好讀書, 不求甚解. 每有意會, 便欣然忘食.)"

이 글은 도연명이 젊은 시절에 쓴 것으로 알려져 있다. 책을 읽을 때 한 자 한 구의 해석에 구애받기보다는 책 속에 담긴 대의를 깨닫는 데 중점을 두며, 자신의 생각과 들어맞는 곳을 만나면 푹 빠져들어 청복(淸福)을 누린다는 내용이다.

한편 불구심해는 책을 대충대충 읽어 나가는 진중하지 못한 독서법을 비판하는 말로 해석되기도 한다.

066

큰 기러기와 고니의 뜻

鴻鵠之志 | 홍곡지지

『사기』

홍곡지지(鴻鵠之志)는 크고 높게 품은 뜻을 말한다. 여기서 '홍곡'이란 큰 기러기와 고니로, 원대한 포부를 지닌 큰 인물 즉 대인(大人)을 의미하며 제비나 참새를 가리키는 '연작(燕雀)'과는 상대되는 말이다.

『사기』 「진섭 세가(陳涉世家)」에 의하면 진섭은 젊었을 때 머슴살이를 한 적이 있는데, 밭두렁에서 자신의 신분을 한탄하다 말했다.

"부귀하게 된다면 서로 잊지 말기로 하지."

그러자 머슴들이 "지금 고용되어 밭갈이나 하는 주제에 무슨 부귀란 말인가?"라고 비웃었다. 이에 진섭은 탄식하며 말했다.

"제비와 참새가 어찌 큰 기러기와 고니의 뜻을 알리오.(燕雀安知鴻鵠之志.)"

시간이 흘러 진시황의 뒤를 이은 이세황제 호해(胡亥)가 즉위했다. 호해는 진시황과는 달리 재목감이 못 되어 환관 조고(趙高)의 손아귀에서 놀아났으며 백성들의 원성은 커져 갔다. 이때 조정에서는 이문(里門) 왼쪽에 살고 있는 빈민들을 변방 근처의 어양(漁陽) 지역으로 옮겨 가도록 했는데, 진섭과 오광(吳廣)이 이들을 통솔했다. 그런데 대택향(大澤鄕)에 이르렀을 때 큰비가 쏟아져 도로가 막히니 기한 내에 도착하기가 어려워졌다. 당시 법률은 기한 내에 도착하지 않으면 참수형에 처하도록 했다. 진섭과 오광은 달아나도 죽을 것이고 의거를 일으켜도 죽을 것이니, 차라리 무엇인가 하고 죽겠다고 결심하여 먼저 두 명의 장위(將尉)를 살해한 뒤 부하들을 불러 모아 놓고 말했다.

"기한을 어기면 마땅히 모두 죽어야 한다. 만약 죽지 않는다고 해도 변경을 지키다 죽는 사람이 본래 열에 예닐곱은 된다. 하물며 장사는 죽지 않으면 그만일 뿐이지만, 죽는다면 커다란 명성을 남겨야 하는 것이다. 왕, 제후, 장수, 재상이 어찌 씨가 있겠는가!(王侯將相寧有種乎!)"

진섭은 이반된 민심을 빌미로 반란을 일으켜 초나라를 넓힌다는 뜻의 장초(張楚)를 국호로 삼아 왕의 자리에 올랐다. 비록 왕 노릇을 했던 건 여섯 달 뿐이었으나 그가 '세가'의 반열에 든 것은 남들과 다른 사고를 가졌기 때문이 아니겠는가.

067

도덕, 천시, 지리, 장수, 법도

道天地將法 | 도천지장법

『손자병법』

오사(五事)라고도 하는 도천지장법(道天地將法)은 전쟁의 승부를 결정하는 다섯 가지 요소이다. 올바른 정치, 기후와 기상, 지리적 이점, 지도자의 능력, 제도와 질서 등을 말한다.

"(전쟁이란) 다섯 가지에 따라 경영되어야 하고, (일곱 가지) 항목을 비교하여 그 정황을 탐색해야 한다. 첫째를 도(道)라고 하고 둘째를 천(天)이라고 하며 셋째를 지(地)라고 하고 넷째를 장(將)이라고 하며 다섯째를 법(法)이라고 한다.(經之以五, 校之以計, 而索其情; 一曰道, 二曰天, 三曰地, 四曰將, 五曰法.)"(『손자병법』「계(計)」)

좀 더 구체적으로 살펴보자. '도'는 백성들과 군주와 뜻을 함께하는 것으로 민심의 향배를 파악하고 인심을 얻는 것이 곧 천하를 얻는 것임을 뜻한다. '천'이란 음양, 즉 추위와 더위, 사계절의 변화로 천시(天時)의 문제다. '지'란 땅의 멀고 가까움, 험준함과 평탄함, 넓음과 좁음, 살 곳과 죽을 곳을 이르는 지리의 문제다. '장'이란 지혜(智), 믿음(信), 어짊(仁), 용기(勇), 엄격함(嚴)을 가리키는 것으로 장수의 오덕(五德)이라고 하는 인모(人謀)의 문제다. '법'이란 동원 체제, 조정의 벼슬 체계와 식량의 수송로, 주력 부대 내에서의 보급 물자 운용으로 군법의 문제이자 군대의 시스템의 문제다. 여기서 '천', '지', '법'은 비교적 눈에 잘 보이는 것들이지만 '도'와 '장'은 사람과 관계된 것으로 특별히 세심하게 주의해야 한다. 손자는 문장의 말미에 "나는 이런 것에 의거하여 승패를 알 수 있다.(吾以此知勝負矣.)"라고 말하면서 자신의 계책을 들으면 승리하게 될 것이고 그러지 않으면 패할 것이라고 단호한 어조로 선언했다.

가장 기본적이면서도 상식적인 일을 도외시하지 않는 것이 전쟁에 임하는 자세다. 국가는 말할 것도 없고 개인도 이 '오사'가 있는지 한번 점검해 보는 것도 나쁘지 않을 것이다. 단지 전쟁의 문제만이 아니라, 모든 큰일에 관해서는 제반 사안이 유기적으로 결합되어 있을 때 예상된 결과가 보장되는 법이다.

068

군자는 말하는 것을 어려워한다

君子難言 | 군자난언

『한비자』

군자난언(君子難言)은 유세하는 자의 어려움을 말한 것으로 주로 신하가 군주에게 의견을 제시할 때의 어려움을 말한다.

"군자는 말하는 것을 어려워하는 것입니다. 또한 지극한 말은 귀에 거슬리고, 마음에 거슬리는 것입니다. 현명하고 성스러운 군주가 아니면 아무도 들어주지 못합니다.(君子難言也. 且至言忤於耳而倒於心, 非賢聖莫能聽.)"(『한비자』「난언(難言)」)

여기서의 군자는 유세가를 말한다. 한비는 군주를 설득하기 위해서는 논리보다는 마음으로 접근해야 한다는 입장이었는데, 그 이유는 상대방이 무엇을 원하는가를 잘 헤아려야 유세에 성공할 수 있기 때문이다. 한비는 이런 사례를 들었다.

"오자서는 지략이 뛰어났지만 오나라 왕은 그를 처형했고, 공자는 다른 사람을 설득하는 능력이 뛰어났지만 광(匡) 땅의 사람들은 그를 억류했으며, 관중은 진실로 현명했지만 노나라는 그를 죄인으로 취급했습니다. 이들 세 대부가 어찌 현명하지 않았겠습니까? 그들의 세 왕이 명석하지 못했던 탓입니다. 상고 시대에 탕왕(湯王)은 훌륭한 성군이었고, 이윤(伊尹)은 매우 지혜로웠습니다. 쟁기질하던 농부인 이윤은 뛰어난 지혜로 훌륭한 성군을 설득하기 위해 일흔 번이나 유세했지만 받아들여지지 않았습니다. 그래서 그 뒤로 자신이 몸소 솥과 도마를 들고 가 요리사가 되어 친해지고 나서야, 탕왕은 비로소 그의 현명함을 알고 요직에 등용했습니다."

그러고는 다시 구체적인 예를 들면서 익후(翼侯)란 자는 불에 구워졌고, 비간(比干)은 심장이 도려내졌으며, 매백(梅伯)은 소금에 절여졌으며, 오기(吳起)라는 자도 몸이 찢기는 형벌을 받았다고 했다. 이들은 모두 현명하고 충직하며 도덕성을 겸비한 인재들이었으나 설득에 실패하여 불행한 일을 겪었다. 물론 이들이 죽음이나 굴욕을 피할 수 없었던 근본 이유는 군주가 어리석어 이들의 진심을 알아주지 못했기 때문이다.

한비가 보기에 간언이 받아들여질지의 여부는 전적으로 군주의 역량과 자세에 달려 있다. 현명하고 어진 리더를 만나는 것이 가장 이상적이겠지만 세상사는 그렇게 호락호락하지 않으며, 오히려 형벌을 받는 경우도 비일비재하다는 것이다.

간언을 현명하게 받아들일 수 있는 리더가 되어야 하는 이유는 주위의 참된 인재를 끌어들이는 힘이 바로 경청의 자세에 있기 때문이다.

069

오직 재능만이 추천의 기준이다

唯才是擧 | 유재시거

『삼국지』

유재시거(唯才是擧)는 오직 재능만이 추천의 기준이라는 뜻으로, '재(才)'는 인재(人才)이고 '거(擧)'는 천거(薦擧)를 의미하며 유재시용(唯才是用)과 동의어이다. 능력이 빼어난 사람만을 우대한다는 조조의 인재 경영 원칙이다. 시대를 초월한 영웅으로 평가받는 조조는 웅크리며 때를 기다린 천하의 효웅(梟雄, 사납고 용맹스러운 영웅) 유비나 부형의 뒤를 이은 수성의 제왕 손권과는 확연히 대비되는 인사 지침을 가지고 있었다. 천하의 인재들의 그의 휘하에 모여들어 90여 명의 개세지재(蓋世之才, 세상을 뒤덮을 만한 인재)가 활동할 수 있었던 것은 바로 다음과 같은 원칙 때문이었다.

"만일 반드시 청렴한 선비가 있어야만 기용할 수 있다면, 제나라 환공은 어떻게 천하를 제패할 수 있었겠는가! 지금 천하에 남루한 옷을 걸치고 진정한 학식이 있는데도 여상(呂尙)처럼 위수의 물가에서 낚시질이나 일삼는 자가 어찌 없겠는가? 또 형수와 사통하고 뇌물을 받았다는 누명을 쓰는 바람에 위무지(魏無知)의 추천을 받지 못한 진평(陳平)과 같은 자가 어찌 없겠는가? 여러분은 나를 도와 낮은 지위에 있는 사람들을 살펴 추천하라. 오직 재능만이 추천의 기준이다. 나는 재능 있는 사람을 기용할 것이다.(二三子其佐我, 明揚仄陋, 唯才是擧, 吾得而用之.)"(『삼국지』「무제기(武帝紀)」에 인용된 「구현령(求賢令)」)

여기서 거론된 환공이나 진평은 빼어난 능력 때문에 중용되어 기량을 충분히 발휘하고 주군을 도와 큰일을 이루었으니, 조조가 내세운 원칙은 주위의 평판이나 도덕성보다는 재능이 중요하다는 것이다. 이는 승자와 패자, 아니 국가의 존망이 좌우되는 당시의 상황에서는 어쩔 수 없는 선택이었는지도 모른다. 냉혹한 승부사로서 죽기 바로 직전까지 전장을 누볐던 조조. 환관 출신의 비주류였던 그가 북방의 권문세족 원소를 이겨 자신의 시대를 열고, 아들 조비를 통해 위나라 창업을 이루어 낼 수 있었던 것은 바로 능력과 효율 중심의 인재관을 견지했기 때문이었다.

문제가 없었던 것은 아니다. 자신의 권위에 도전하는 반대파들을 무리하게 제거하고 후계자 문제로 대립했던 순욱(荀彧)을 제거한 것 등은 그의 인재관의 옥에 티로 볼 수 있다.

070

각자 스스로 다스리다

各自爲政 | 각자위정

『춘추좌씨전』

각자위정(各自爲政)은 여러 사람이 각자 제멋대로 행동하며 전체적인 조화를 생각하지 않는다는 말이다. 기원전 722년부터 기원전 481년까지를 다룬 역사서 『춘추좌씨전』 선공(宣公) 2년에 의하면, 춘추 시대 초나라 장왕(莊王)은 실력을 과시하기 위해 동맹국인 정나라에게 송나라를 치도록 했다. 정나라 목공(穆公)은 즉시 출병했다. 결전을 하루 앞둔 밤, 송나라의 화원(華元)은 특별히 양고기를 준비해 병사들의 사기를 북돋우며 싸움에 대비했다. 그런데 화원의 수레를 모는 양짐(羊斟)에게는 양고기를 주지 않아 양짐이 까닭을 묻자 화원이 퉁명스럽게 대답했다.

"수레를 모는 사람에게까지 양고기를 줄 필요는 없다. 수레꾼하고 전쟁은 관계가 없다."

이튿날 싸움이 시작되자, 양쪽 병사들은 혼신의 힘을 다해 싸웠으나 승패가 나지 않았다. 화원은 양짐에게 수레를 적군이 드문 오른쪽으로 돌리라 명했다. 그런데 양짐은 화원의 명령과는 반대로 왼쪽으로 수레를 몰았다. 당황한 화원이 방향을 바꾸라고 소리치자 양짐이 말했다.

"어제 저녁 양고기는 당신께서 다스린 것이고, 오늘 이 일은 제가 다스린 것입니다.(疇昔之羊, 子爲政, 今日之事, 我爲政.)"

그러고는 정나라 병사들 쪽으로 있는 힘을 다해 달려갔다. 화원은 결국 정나라에 붙잡혔으며 병사들은 전의를 잃고 뿔뿔이 흩어지고 말았다. 정나라가 대승을 거둔 것은 말할 것도 없다. 이는 결국 양짐이 화원의 지휘에 따르지 않고 자기 마음대로 행동했기 때문이었다. 군자들의 혹평처럼 양짐은 "사사로운 감정 때문에 나라를 패망하게 하고 백성들을 죽게 만든(以其私憾, 敗國殄民)" 것이다. 양짐은 융통성이 부족하고 아집이 강하여 전체적인 균형을 생각하지 못하고 국가 대사를 그르치게 만들었다.

때로 큰일을 성사시키기 위해서는 자신의 사소한 감정은 묻어 두고 큰 마음으로 포용할 필요가 있다.

나무가 부러지는 것도
반드시 좀벌레를 통해서이다

木之折也必通蠹 | 목지절야필통두

『한비자』

목지절야필통두(木之折也必通蠹)는 모든 일에는 조짐이 있다는 의미이다. 한비는 말한다.

"나무가 부러지는 것은 반드시 좀벌레를 통해서이고, 담장이 무너지는 것은 반드시 틈을 통해서이다. 비록 나무에 좀벌레가 있더라도 강한 바람이 불지 않으면 부러지지 않을 것이고, 벽에 틈이 생겼다 하더라도 큰비가 내리지 않으면 무너지지 않을 것이다.(木之折也必通蠹, 牆之壞也必通隙. 然木雖蠹, 無疾風不折; 牆雖隙, 無大雨不壞.)"(『한비자』 「망징(亡徵)」)

어떤 일이든 징조가 보이다가 결국 결정적인 계기로 무너진다는 것이다. 한비는 나라가 망하는 조짐을 마흔일곱 가지로 구분해 열거하면서 군주와 신하, 경제, 군사, 외교 등 사회 전반에 걸쳐 나타나는 조짐을 주목해야 한다고 했다. 한비가 든 예는 다음과 같다. 나라는 작은데 신하의 영지는 큰 경우, 임금의 권세는 가벼운데 신하의 세도가 심한 경우, 법령을 완비하지 않고 지모와 꾀로써 일을 처리하는 경우, 나라를 황폐한 채로 버려두고 동맹국의 도움만 믿고 있는 경우, 신하들이 헛된 담론이나 일삼고 문객들은 갑론을박이나 일삼으며 상인들이 재물을 다른 나라에 쌓아 놓아 백성들을 곤궁하게 하는 경우, 군주가 궁전과 누각과 정원을 꾸미는 등 호사스러운 생활을 하는 경우, 사회 전반이 귀신을 섬기고 점괘를 믿으며 제사를 좋아하는 경우 등등이다. 이런 사례들은 오늘날의 상황과 비교해도 별로 다를 바 없어 보이기도 한다.

한비가 든 망할 징조는 은나라의 폭군 주왕의 경우로 여지없이 입증된다. 주왕이 왕위에 올라 상아 젓가락을 만들고 주지육림에 빠졌을 때 은나라의 패망은 예견되어 있었던 것이다.

그런데 한비가 말하는 망징이 반드시 망한다는 선언적 의미가 아니라 망할 가능성이 있다는 경고의 메시지도 담고 있다는 점을 새겨야 한다. 한비의 말은 벌레 먹은 나무와 틈이 생긴 벽일지라도 강한 바람과 큰비를 이겨내도록 조치를 취하면 파국을 막을 수 있으며, 이것이야말로 명군(明君)의 자질이라는 것이다.

전쟁은 승리하는 데 가치가 있는 것이지 오래하는 데 가치가 있는 것이 아니다

兵貴勝不貴久 | 병귀승불귀구

『손자병법』

『손자병법』「작전(作戰)」편에 이런 말이 있다.

"그러므로 전쟁은 승리하는 데 가치가 있는 것이지 오래하는 데 가치가 있는 것이 아니다. 따라서 (이러한) 전쟁의 본질을 아는 장수만이 백성들의 목숨과 국가의 안위를 책임질 수 있다.(故兵貴勝不貴久. 故知兵之將, 民之司命, 國家安危之主也.)"

승리를 거두기 위해서는 신속하게 승부를 결정지어야 한다는 것이다. 춘추 전국 시대의 전쟁은 주로 야전에서 치르는 평지 전투가 많아 쌍방 간의 물질적, 정신적 손실이 상상을 초월할 정도로 많았다. 그러기에 손자는 "용병을 오래 끌어서 나라에 이로운 사례는 아직까지 없었다. 그러므로 용병의 해로움을 이루 다 알지 못하는 자는 용병의 이로움도 이루 다 알 수 없다."라고 단언한다. 이어 그는 "식량을 적지에서 충당하라."라거나 "군역(軍役)을 두 번 일으키지 않고 식량을 (전장으로) 세 번 실어 나르지 않는다."라는 방법론을 제시하기도 한다. 양식이 없으면 생존할 수 없고 비축한 물자가 없으면 버틸 수 없기 때문이다. 손자의 취지는 민생에 가해지는 피해를 최대한 줄이면서 상대에게 심리적으로 타격을 입힐 수 있는 방식을 취하라는 것이다. 특히 국방력이 경제력으로 뒷받침되지 않을 때는 나라의 패망으로 이어질 수 있으므로 빠른 승리만이 해결책이라는 것이다.

'불귀구(不貴久)'란 말은 '병문졸속(兵聞拙速)', 즉 군사를 부릴 때는 어설프더라도 속결해야 한다는 말과 함께 이해하면 의미가 더 다가온다. 전쟁을 질질 끌면 승기를 놓쳐 내부의 조직을 와해시키고 상대를 유리하게 만들며 내란이 일어날 가능성까지 존재하는 것이 당시의 현실이었다. 물론 오늘날도 예외가 아니다. 치열한 경쟁 속에서는 무엇보다도 단기간에 앞서 나가 가장 먼저 자리를 선점하는 것이 상책이다. 준비가 다소 미흡하고 과정이 마음에 들지 않아도 기회를 잡으면 즉각 승부를 결정지어야 한다. 물론 널리 앞을 내다보고 신중하게 준비하는 것도 중요하지만, 일단 전장에 나서서는 어쩔 수 없이 속전속결이 핵심 전략인 것이다.

호걸이나 협객들과 사귀다

交結豪俠 | 교결호협

『삼국지』

활달한 성품을 비유한 말 교결호협(交結豪俠)은 『삼국지』「선주전(先主傳)」에서 유비를 평하여 "호걸이나 협객들과 사귀기를 좋아하므로 젊은이들은 다투어 그를 가까이했다.(好交結豪俠, 年少爭附之.)"라고 한 데서 나왔다.

유비는 성이 유(劉)이고 휘가 비(備)이며 자는 현덕(玄德)이다. 탁군(涿郡) 탁현(涿縣) 사람으로 한(漢)나라 경제(景帝)의 아들 중산정왕(中山靖王) 유승(劉勝)의 후예라고 한다. 몰락한 왕족의 후예였던 유비는 어려서 아버지를 여의고 어머니와 함께 짚신과 자리를 엮어 생계를 이었는데, 그의 집 동남쪽 모퉁이에 있는 높이가 다섯 장쯤 되는 뽕나무의 무성한 나뭇가지가 마치 작은 수레 덮개와 같아 오가는 사람들이 기이하게 여겼다. 유비 역시 "나는 반드시 깃털로 장식한 개거(蓋車, 천자의 수레)를 탈 거야."라고 하다가 작은아버지 유자경(劉子敬)에게 경망스러운 말이라고 호된 꾸지람을 듣곤 했다.

자신의 눈으로 내려다볼 수 있을 정도의 큰 귀를 가졌던 그는 평소 말수가 적고 아랫사람들에게 잘해 주며 기쁨이나 노여움을 얼굴에 나타내지 않았으나, 교결호협의 기질로 인해 젊은이들은 다투어 그를 가까이했으며, 심지어 중산(中山)의 큰 상인 장세평(張世平)과 소쌍(蘇雙) 등은 천금의 재산을 내주기도 했다. 때를 기다리는 효웅이었던 유비는 황건적의 난을 토벌하는 데 공을 세웠고, 군의 독우(督郵)가 공적인 일로 현에 왔을 때 만나기를 거절했다는 이유를 들어 200대의 곤장을 때리고 자신의 관직마저 내던지는 호기를 부리기도 했다. 유비는 그의 사람됨을 알아본 조조에게 "지금 천하에 영웅이 있다면 당신과 나뿐이오. 원술 같은 사람은 그 안에 들지 못하오."라는 말을 듣고는 들고 있던 숟가락과 젓가락을 떨어뜨리는 등 몸을 사리고 때를 기다리는 위장술에도 뛰어났으며 마침내 촉나라를 창업했다.

리더가 갖춰야 할 덕목은 유비가 지녔던 것과 같은 도량과 강인한 의지에서 비롯하는 인간관계의 기술이 아니겠는가.

한 손으로만 박수를 치면
비록 빠르게 칠지라도 소리가 나지 않는다

一手獨拍, 雖疾無聲 | 일수독박, 수질무성

『한비자』

일수독박, 수질무성(一手獨拍, 雖疾無聲)은 군신 관계의 원만한 조화와 협력의 중요성을 비유적으로 말한 것으로 『한비자』「공명(功名)」 편에서 나온 말이다.

"군주의 근심은 어떤 일을 할 때 그에 호응하는 신하가 없다는 데 있다. 그래서 말했다. '한 손으로만 박수를 치면 비록 빠르게 칠지라도 소리가 나지 않는다.'(人主之患在莫之應, 故曰, 一手獨拍, 雖疾無聲.)"

군주는 신하를 내치면 자신도 버려지므로, 신하와의 갈등이 최고조에 달했을 때는 한 걸음 물러나 조정의 리더십을 발휘해야 한다는 것이다. 물론 조정은 관계에서 주도적 위치에 있는 군주의 몫이다. 한비는 이 편에서 "오른손으로 원을 그리고 왼손으로 사각형을 그리면 양쪽 다 이룰 수 없다.(右手畫圓, 左手畫方, 不能兩成.)"라고 하면서 인간관계도 마찬가지로 억지로 맺으려 하면 안 되는 것임을 내비쳤다. 한비는 한걸음 더 나아가 "잘 다스려지는 나라에서 군주는 북채와 같고, 신하는 북과 같으며, 재능은 수레와 같고, 임무는 말과 같다.(君若桴, 臣若鼓, 技若車, 事若馬.)"라고 하여 유기적인 조화의 중요성을 강조했다. 신하가 군주의 신임을 얻었다고 해서 교만해서도 안 되지만 군주 역시 오만을 경계하고 겸양의 미덕을 실천해야 한다는 것이다.

신하는 겸허한 자세로 군주의 그림자인 참모로 살아가는 법을 익혀야 하며 때로는 적절한 자기 연출도 필요하다. 이것이 바로 요임금이 남면(南面)해서 군주로서 명예를 지킬 수 있었던 까닭이고, 순임금이 북면(北面)하여 신하의 자리에서 공을 세울 수 있었던 이유다. 한비가 내세운 현명한 군주의 조건은 천시(天時), 민심(民心), 자질(資質), 권세(權勢) 등 네 가지였다. 천시는 군주가 얻는 행운이며, 민심을 얻으면 모든 일이 순조롭게 해결되고, 자질은 군주가 기본적으로 갖춰야 할 능력이다. 그런데 권세가 없으면 아무리 현명한 군주라고 해도 신하에 대해 통솔력을 발휘하지 못하여 성과를 내지 못할 수가 있다는 것이다.

오늘날의 사회나 조직도 마찬가지다. 모든 것은 구성원 간의 원만한 협력 관계 속에서 이루어진다. 태산 같은 공적도 결국 사람이 세우는 것이기 때문이다.

기이한 물건은 간직할 만하다

奇貨可居 | 기화가거

『사기』

기화가거(奇貨可居)는 지금보다는 미래의 보물이란 뜻이다. "여불위가 한단에 물건을 사러 갔다가 그를 보고 불쌍하게 여겨 이렇게 말했다. '이 기이한 물건은 간직할 만하다.' 그러고는 자초(子楚)를 찾아가서 말했다. '나는 당신의 가문을 크게 만들어 줄 수 있습니다.'(呂不韋賈邯鄲, 見而憐之, 曰此奇貨可居. 乃往見子楚, 說曰吾能大子之門.)"(『사기』 「여불위 열전」)라는 구절에서 나온 말이다.

사연은 이러했다. 전국 시대 말 위(衛)나라의 거상 여불위가 조나라의 수도 한단에 머물다가 어느 날 우연히 진(秦)나라 소왕의 손자 자초가 인질로 잡혀 와 있는 것을 보고는 그의 계보를 알아보았다. 자초의 아버지 안국군(安國君)에게는 아들 20여 명이 있었는데, 안국군의 정부인이었던 화양부인(華陽夫人)에게는 아들이 없었다. 자초는 안국군의 둘째 아들이었고 그의 생모 하희(夏姬)는 안국군의 총애를 받지 못했다.

입지가 부족한 자초가 조나라에 볼모로 온 것은 당연한 일이었다. 진나라는 인질 따위는 염두에 두지 않고 조나라를 자주 공격했으므로 조나라 역시 자초를 전혀 예우하지 않았던 것이다. 조나라에서의 자초의 생활은 상상도 할 수 없을 만큼 초라했다. 여불위는 그를 불쌍히 여겼으나 동시에 그가 범상치 않은 인물임을 알아보았기에 '기화가거'라고 말했던 것이다. 그는 자초를 찾아가 소왕은 이미 늙었고, 태자 안국군은 총애받는 화양부인의 존재에다 스무 명이나 되는 형제들 때문에 입지가 밀린다는 점 등을 말해 주었다. 이어 여불위는 자초를 화양부인의 양자로 들여 나중에 왕이 후사로 삼도록 하겠다는 은밀한 제안을 했다. 처음 보는 여불위의 이런 제안에 자초는 머리를 숙이며 "당신의 계책대로 된다면 진나라를 그대와 함께 나누어 갖도록 하겠소."라고 다짐했다.

자신의 아이를 임신한 첩까지 자초에게 주어 훗날을 기약했던 여불위의 예상은 적중했다. 자초는 태자로 책봉되었다가 왕위에 오른 뒤 불행하게도 불과 3년 만에 죽었으나, 그의 아들 영정(嬴政)이 대를 이어 진나라 왕이 되었고 39세에 천하를 통일하여 중국 최초의 황제 진시황으로 등극했기 때문이다. 여불위 역시 진나라의 상국(相國)이 되어 막강한 권세를 누리게 되었다.

누구도 관심을 두지 않았던 재목을 알아보고 보물이라 여겨 놓치지 않고 곁에 두었던 여불위의 안목 또한 '기화'가 아닌가.

그들이 생각하지 못한 곳으로 출격하라

出其不意 | 출기불의

『손자병법』

출기불의(出其不意)는 상대의 허를 찔러 공격하라는 말이다. 『손자병법』 「계(計)」에서 "그들이 방비하지 않은 곳을 공격하고 그들이 생각하지 못한 곳으로 출격하라.(攻其無備, 出其不意)"라고 한 데서 나왔다.

용병(用兵)은 속임수다. 동쪽으로 군대를 향하게 하면서 실제로는 정예 부대를 서쪽으로 보내 성벽을 기어오르게 만드는 공격법인 성동격서(聲東擊西) 또한 상대방으로 하여금 안심하게 만든 뒤 그 틈을 비집고 공략하는 것이다. 적군의 충실한 부분을 피하고 허약한 부분을 공격하는 피실격허(避實擊虛) 역시 적의 상황에 따른 임기응변의 전략이다. 손자는 말한다.

"공격을 잘하는 자는 지키는 곳을 적이 알지 못하게 하고, 수비를 잘하는 자는 공격하는 곳을 적이 알지 못하게 한다.(善攻者, 敵不知其所守. 善守者, 敵不知其所攻.)"(「허실(虛實)」)

절대적으로 우월한 전력을 가지고 치르는 전쟁이란 없다고 보는 편이 옳다. 오히려 겉으로 보아 아무런 힘도 없는 듯한 군대가 오히려 속은 꽉 차 있을 수도 있다. 상대를 분산시키고 아군의 분산은 막으며, 적의 형세는 드러내면서 아군의 형세를 철저히 위장하는 신출귀몰의 정세를 만들어야 한다. 훌륭한 장수는 전력을 노출시켜서는 안 되는 법이다. 병사들이 병들어 보이게 하거나, 국내 정세가 어지러워 보이게 하거나, 아니면 장수의 신변에 문제가 생긴 것처럼 보이게 하는 속임수도 필요하다. 적진의 탐색병이 오인하여 잘못된 보고를 올리게 함으로써 상대방이 느슨해졌을 때 공격하라는 것이다.

적을 속이기 위해서는 나를 감추는 것만으로 충분하지 않으며, 적극적으로 미끼를 던져 유인하고 혼란스럽게 할 필요도 있다. 사신을 보내 화친을 청한다든지, 일부러 불리한 곳에 진지를 구축한 것처럼 보이게 하여 선제공격을 유도한 뒤 적의 허리를 끊는 등의 방법이 필요한 것이다.

『노자』 27장의 "행군을 잘하는 장수는 수레바퀴 자국이 없다.(善行無轍迹.)"라는 말도 이러한 맥락이지 않은가.

077

허파와 간을 꺼내 서로 보여 주다

出肺肝相示 | 출폐간상시

한유, 「유자후묘지명」

출폐간상시(出肺肝相示)는 친구 간의 진정한 우정을 나타내는 말로, 폐간상시라고도 하며 간담상조(肝膽相照)와 같은 말이다. 복심상조(腹心相照), 기미상투(氣味相投), 심조신교(心照神交)라는 말과도 비슷한 뜻이다.

한유(韓愈)는 당나라의 뛰어난 문장가로 그보다 다섯 살 어린 유종원(柳宗元)과 함께 "글로써 도를 실어야 한다.(文以載道.)"라는 기치 아래 고문(古文) 운동을 이끌면서 숭유(崇儒)와 척불(斥佛), 그리고 복고를 내걸었다. 환관 출신의 그는 유가를 깊이 익혔으며 문장가로 명성이 자자했고, 역시 환관 출신으로 일찌감치 진사에 급제하여 관직에 발을 들여놓은 유종원과 깊은 우정을 맺었다.

한유는 유종원의 청렴함과 용감함을 높이 샀다. 특히 파주(鄱州)로 좌천된 친구 유우석(劉禹錫)이 어머니까지 모시고 척박한 땅으로 가게 되자, 유종원이 그를 위해 자신의 좌천지인 유주(柳州)와 바꿔 줄 것을 요청하는 상소문을 올린 데 깊은 감동을 받았다고 한다. 유종원이 죽었을 때 장례비용을 친구인 배행립(裵行立)이란 자가 댔을 정도니 주변 사람의 마음을 움직이는 그의 깊은 인품을 짐작할 수 있다.

유종원은 순종(順宗)이 즉위한 뒤 왕숙문(王叔文) 등이 주도하는 정치 개혁에 적극 가담했으나, 수구파와의 싸움에 밀려 소주자사로 폄적되고 다시 10년 동안 영주사마로 좌천되어 이 기간 동안 천하의 명문을 많이 남겼다. 42세에 유주자사로 거듭 좌천되어 5년 후에 세상을 떠난 유종원을 위해 한유는 「유자후묘지명(柳子厚墓誌銘)」이라는 글을 썼다. 이 글에서 한유는 유종원의 가세(家世)와 생애, 교우 관계, 문장의 풍모와 정치적 재능 등을 소상히 적었는데 그중 이런 구절이 나온다.

"아아! 선비란 곤궁할 때 비로소 절개와 의리를 보여 준다. 평상시 일이 없을 때는 서로 그리워하고 즐거워하여 연회 석상에 놀러 다니며 서로 사양하고, 손을 잡고 폐와 간을 꺼내 서로 보여 주며 하늘의 해를 가리켜 눈물을 흘리며 생사를 걸고 서로 배반하지 않는다고 맹세하니(握手出肺肝相示, 指天日涕泣, 誓生死不相背負) 정녕 믿을 만하다. 그러나 일단 머리카락 한 가닥만큼 같은 작은 이해관계가 생기면 거들떠보지도 않고 마치 알지도 못하는 척한다. 함정에 빠져도 손을 뻗어 구해 주기는커녕 돌을 던지는 게 대부분이다."

친구에 대한 절절한 마음을 담은 이 글에 대해 청 대의 문학 이론가 심덕잠(沈德潛)은 묘지명 중 천추절창(千秋絶唱, 길이 남을 뛰어난 시)이란 찬사를 보냈다.

078

반드시 사람에게서 얻는다

必取於人 | 필취어인

『손자병법』

필취어인(必取於人)은 사람을 통해서 정보를 얻어 내라는 말로, 사람을 통하라는 말은 적국이나 적진의 깊숙이 간첩을 침투시켜 중요한 정보를 캐내라는 것이다.

"먼저 안다는 것은 귀신에게 기댈 수도 없으며 일의 표면에 의지할 수도 없고 추측에 시험해 볼 수도 없으며 반드시 사람에게서 적의 상황을 알아내는 것이다.(先知者, 不可取於鬼神, 不可象於事, 不可驗於度. 必取於人, 知敵之情者也.)"(『손자병법』「용간(用間)」)

손자는 이런 사람을 간자(間者)라고 칭하고는 '용병의 요체'라 하면서 오간(五間)으로 분류했다. 오간은 무엇인가? 첫째, 인간(因間)이란 적국의 백성을 이용하여 정보를 얻는 것이다. 둘째, 내간(內間)이란 적국의 관리를 매수하여 정보를 얻는 것이다. 셋째, 반간(反間)이란 적국의 첩자를 포섭하여 아군의 첩자로 삼는 것이다. 넷째, 사간(死間)이란 죽음을 각오하고 적국에 잠입하여 활동하는 것이다. 다섯째, 생간(生間)이란 적국으로 들어가 정보를 가지고 살아 돌아오는 것이다. 오간을 제대로 활용하면 적은 그 누구도 대처할 방도를 모르므로 군주는 이를 보물로 여긴다.

손자가 간자를 중시한 이유는 전쟁에서 이기려면 삼군(三軍, 모든 군대를 의미함)의 군사력보다 첩보가 더 중요하다는 것을 알았기 때문이다. 오간 가운데 특히 중시된 것은 바로 반간이었다. 적정(敵情)을 관찰하는 데 외부에서 살피는 것은 한계가 있다. 전쟁을 수박 겉핥기 식으로 얻어 낸 정보를 통해 할 수는 없는 일이니, 춘추 전국 시대에 첩자는 필요악이었다. 옛날에 은나라가 흥성할 때 이지(伊摯, 이윤)가 하나라 조정에 있었고, 주나라가 흥성할 때 여아(呂牙)가 은나라 조정에 있었던 것은 바로 반간의 위력을 보여 주는 예다.

하물며 적국의 일뿐이겠는가. 세간의 일이나 조직의 상황을 판단할 때도 실제로 조사하지 않고 검증되지 않은 소문이나 고정 관념에 기대거나 자기 경험을 과신하고 추측에 의존한다면 필연적으로 오판에 이르며 실패하게 될 것이다.

079

개가 사나우면 술이 시어진다

狗猛酒酸 | 구맹주산

『한비자』

구맹주산(狗猛酒酸)은 간신이 있으면 주변에 사람이 모이지 않는다는 말로 관련이 없어 보일지라도 실제로는 긴밀한 인과 관계가 있음을 비유한다. 『한비자』「외저설 우하(外儲說右下)」편에 나오는 말이다.

한비는 군주가 아첨배에게 둘러싸여 있으면 훌륭한 인물이 등용되지 못한다고 생각했다. 한비는 이런 비유를 들었다. 송나라 사람으로 술을 파는 자가 있었는데, 술을 팔 때 속이지 않았고 손님을 공손하게 대우했으며, 술을 만드는 재주도 뛰어났다. 그런데 아무리 주막 깃발을 높이 내걸어도 술을 사 가는 사람이 없어 술은 늘 시큼해졌다. 도무지 이유를 알 수 없어 평소 알고 지내던 마을 어른 양천(楊倩)에게 이유를 묻자, 그가 하는 말이 개가 사납냐는 것이었다. 술집 주인이 개가 사나운 것과 술이 팔리지 않는 것이 무슨 관계가 있냐고 되묻자 양천의 대답이 이러했다.

"사람들이 두려워하기 때문이오. 어떤 사람이 어린 자식을 시켜 돈을 가지고 호리병에 술을 받아오게 했는데, 개가 달려와서 그 아이를 물었던 것이오. 이것이 술이 시큼해지고 팔리지 않는 이유요.(人畏焉. 或令孺子懷錢挈壺甕而往酤, 而狗迓而齕之, 此酒所以酸而不售也.)"

주인은 자신에게 늘 꼬리치는 개가 사나운지 몰랐지만, 마을 사람들에게 그 개는 두려움의 대상이었던 것이다. 나라에도 개와 같은 간신들이 있음을 빗댄 이야기이다. 나라를 다스릴 책략을 품은 인사가 만승의 군주에게 간언하려고 해도 간신이 사나운 개처럼 달려들어 물어뜯으려 하니, 군주의 이목은 가려지고 나라에 위기가 닥치게 된다. 군주는 간신의 말에 휘둘리지 않으려면, 술집의 개와 같은 신하를 잘 솎아 내야만 한다. 올바른 여론 수렴은 군주가 자신의 위상을 굳게 만들기 위한 밑받침이다. 사나운 개 같은 신하가 활개를 칠 때 군주는 그저 자리만 잃는 것이 아니라 목숨이 위태로울 수 있으며, 국가마저 잃을 수 있다.

오늘날의 리더도 마찬가지다. 인(人)의 장막에 갇히지 않기 위해서는 주변에 어떤 사람들이 포진해 있는지 주의 깊게 살펴보아 능력 있고 현명한 사람이 배제되는 일이 없도록 해야 한다.

080

천금으로 말의 뼈를 산다

千金馬骨 | 천금마골

『전국책』

천금마골(千金馬骨)은 귀중한 것을 손에 넣기 위해 먼저 공을 들이는 것을 뜻하며, 인재를 얻고자 장기적인 안목으로 투자하는 것을 가리킨다. 천금시골(千金市骨), 매사마골(買死馬骨)이라고도 한다. 『전국책』「연책(燕策)」을 보면 이런 내용이 있다.

기원전 314년 연나라에 내란이 발생하자 이웃 나라인 제나라가 공격해 와 연나라의 땅을 침탈했다. 군주의 자리에 오른 소왕(昭王)은 내란을 평정하고 잃었던 땅을 되찾고자 인재를 찾는 공고를 냈다. 그러나 별 성과가 없자 소왕은 곽외(郭隗)라는 사람을 불러 인재를 추천해 달라고 부탁했다. 이에 곽외가 이런 이야기를 들려주었다.

옛날에 어느 나라 왕이 천금을 내걸고 천리마를 구하려 갖은 노력을 기울였으나 아무런 소득이 없었다. 그러자 어떤 연인(涓人, 허드렛일을 맡은 관리)이 나서서 천리마를 꼭 구해 오겠다고 약속했다. 석 달이 지났는데 좋은 말이 있다는 소문이 있어 연인이 가 보니 말은 이미 죽어 있었다. 그러나 그는 500금을 주고 죽은 말의 뼈를 사 가지고 왔다. 왕이 꾸짖어 말했다.

"구해 오라는 말은 살아 있는 말이었거늘 어찌 죽은 말에 500금이나 주었느냐?"

그러자 그는 말했다.

"죽은 말에도 500금을 주고 샀는데 하물며 산 말은 어떻겠습니까? 천하 사람들이 반드시 왕이 말을 살 것이라고 생각하여 말이 오게 될 것입니다.(死馬且買之五百金, 況生馬乎? 天下必以王爲能市馬, 馬今至矣.)"

과연 1년도 안 되어 천리마가 세 마리나 왕에게 왔다. 이 이야기를 듣고 소왕이 느낀 바가 있어 곽외를 스승으로 삼고 황금대(黃金臺)를 지어 천하의 인재를 불러 모았다. 당시 악의(樂毅)와 추연(鄒衍) 등이 찾아와 신하가 되었으며 소왕은 20여 년의 노력 끝에 빼앗겼던 땅을 되찾고 연나라를 강성한 제국으로 일구었다.

081

나무를 옮기기로 한 믿음

移木之信 | 이목지신

『사기』

이목지신(移木之信)은 신용을 지키는 것을 비유하며, 사목지신(徙木之信)이라고도 한다. 『사기』 「상군 열전(商君列傳)」에는 상군이란 인물이 나오는데, 이름은 앙(鞅)이고 성은 공손(公孫)이다. 상앙은 첩에게서 태어난 위(衛)나라 왕족으로 젊어서부터 형명학(刑名學)을 좋아했으며 위(魏)나라의 재상 공숙좌(公叔座)를 섬기기도 했다. 그는 진(秦)나라 효공(孝公)에게 모든 것을 걸고 변법을 실시했다. 강력한 기득권의 반발은 예상한 바였으나, 백성들의 신뢰마저 없는 것이 문제였다. 상앙이 생각해 낸 묘책은 단순했다. 어느 날 그는 세 길 정도 되는 나무를 도성 저잣거리의 남쪽 문에 세우고 백성을 불러 모았다. 그러고는 이 나무를 북쪽 문으로 옮겨 놓는 자에게는 10금(金)을 주겠다고 했다. 백성들이 이상히 여겨 그 누구도 옮기지 않자 다시 50금을 주겠다고 했다. 이에 누군가 나무를 옮겼고 상군은 그에게 돈을 주었다. 그 후 백성들은 상앙이 공표한 법을 믿게 되었다.

그러나 새로운 법령이 백성에게 시행된 지 1년 만에, 도성까지 올라와 새 법령이 불편하다고 호소하는 자가 1000명을 헤아리게 되니 효공은 개혁하려는 마음이 흔들렸다. 그러자 상앙은 효공에게 "의심스러워하면서 행동하면 이름을 세울 수 없고, 의심스러워하면서 일을 하면 성공할 수 없다.(疑行無名, 疑事無功.)"라고 하면서 소신을 지켰다.

하루는 태자가 법을 어기는 일이 발생했다. 상앙은 법이 제대로 시행되지 못하는 이유가 위에서부터 지키지 않기 때문이라고 하며 법에 따라 태자를 처벌하려 했다. 그러나 군주의 뒤를 이을 태자를 처벌하기란 어려운 일이었다. 그렇다고 해서 그냥 지나칠 수도 없는 법. 결국 태자의 태부(太傅)로 있던 공자 건(虔)의 목을 베고 태사(太師)의 이마에 글자를 새기는 형벌을 내리는 것으로 대신했다.

법령이 시행된 지 10년이 되자, 길에 물건이 떨어져 있어도 주워 가지 않았으며, 도적이 없어지고 집집마다 풍족하여 사람들마다 마음이 넉넉했고 모두 신상필벌(信賞必罰)의 힘을 믿었다.

082

승리를 알 수 있는 이치

知勝之道 | 지승지도

『손자병법』

　전쟁에서 승리를 알 수 있는 다섯 가지 이치인 지승지도(知勝之道)는 손자가 한 말이다.

　"싸워야 할 때를 아는 것과 싸워서는 안 될 때를 아는 자는 승리한다. 병력이 많고 적음에 따라 용병법을 아는 자는 승리한다. 위(장수)와 아래(병사)가 한마음으로 하고자 하면 승리한다. 준비한 채로 준비하지 못한 적을 기다리는 자는 승리한다. 장수가 유능하고 군주가 조종하려 들지 않으면 승리한다. 이 다섯 가지는 승리를 알 수 있는 이치다.(知可以戰, 與不可以戰者勝, 識衆寡之用者勝, 上下同欲者勝, 以虞待不虞者勝, 將能而君不御者勝. 此五者, 知勝之道也.)"(『손자병법』「모공(謀攻)」)

　손자가 말하는 승리의 요건은 판단력, 용병의 유연성, 상하의 일치된 마음, 준비성, 정치적 간섭으로부터의 자유 등으로 지극히 평범하지만 '모공'의 핵심을 담고 있다. 특히 상대에 대한 대비와 군주의 불간섭은 승리의 원동력이 될 수 있다. 적어도 상식적인 군주라면 장수의 독자성을 배려해 주고, 장수 역시 소신에 따라 전략을 구사해야 한다. 또한 위아래, 즉 장수와 부하가 단합하여 적군이 비집고 들어올 틈이 생기지 않게 하는 것이 중요한데, 용병은 심리적인 문제요 인화(人和)가 관건이기 때문이다.

장수는 사령관으로서 군주가 내정에 충실할 수 있도록 밖에서 잘 보좌할 때 나라가 강성할 수 있다. 더불어 군주는 자신이 잘 알지 못하는 전쟁터의 일을 궁궐에서 함부로 왈가왈부해서는 안 된다. 그래서 손자는 군주의 세 가지 금기를 꼽아, 군대의 진퇴를 잘 알지도 못하면서 함부로 명령하거나, 삼군(三軍)의 사정을 제대로 알지도 못하면서 군정에 참견하거나, 삼군의 권한을 알지도 못하면서 직책을 맡으려 해서는 안 된다고 지적했다. 실무자인 장수가 전권을 쥐고 전쟁을 이끌어 나가야 한다는 것이다.

이런 것들은 지피지기(知彼知己)의 전제이며, 결국 백전불태(百戰不殆)하는 관건이기도 하다. 자신의 능력이나 아군의 전력을 과대평가하고 상대를 무시하다가 대사를 그르친 사례는 춘추 전국 시대에 수없이 많다.

083

미치광이가 동쪽으로 달려가면
뒤쫓는 자도 동쪽으로 달려간다

狂者東走, 逐者東走 | 광자동주, 축자동주

『한비자』

광자동주, 축자동주(狂者東走, 逐者東走)는 부화뇌동(附和雷同)과 같은 말로 『한비자』「설림 상」편에 나온다. 한비는 이런 비유를 들었다. 노단(魯丹)이란 자가 중산(中山)의 왕에게 세 차례나 유세했지만 받아들여지지 않았다. 그래서 그는 금 50근을 풀어 왕의 주변 사람들에게 나눠 주었다. 얼마 뒤 노단이 다시 왕을 만났을 때, 왕은 이미 주위의 말을 들었던 터라 그의 유세를 들어 주었다. 노단이 궁궐을 나와 숙소로 돌아가지 않고 그대로 중산을 떠나려 하자 누군가가 물었다.

"다시 알현했을 때 당신을 잘 대해 주었는데, 무슨 까닭으로 떠나십니까?"

노단의 대답은 이러했다.

"다른 사람의 말을 듣고 나를 잘 대해 주었으니, 반드시 다른 사람의 말에 따라 나에게 죄를 줄 것이기 때문입니다."

과연 어떤 자가 군주에게 "노단은 조(趙)나라를 위해 염탐하러 왔을 것입니다."라고 헐뜯자, 중산의 왕은 그 말을 듣고 막 국경을 벗어나려는 노단을 재빨리 붙잡아 벌을 가했다.

이 이야기는 군주가 편협하고 줏대가 없으면 신하들의 농간에 좌지우지된다는 점을 말해 준다. 어리석은 군주는 인재를 알아보지 못하여 간신들의 말만 듣고 인재를 괴롭히거나 심지어 목숨까지 앗아가 버린다. 올바른 법도 없이 그저 순간적인 감정에 따르기 때문이다. 한비는 「간겁시신(姦劫弑臣)」이란 편에서 '간신'을 군주의 비위를 맞춰 신임과 총애를 받고 유리한 위치에 자리하려는 자로 규정하고 군주가 어떤 것을 좋아하면 그것을 극찬하고, 군주가 어떤 것을 싫어하면 곧 부화뇌동하여 그것을 내치는 자라 했다.

유유상종이란 말이 있듯이, 사람이란 서로 뜻이 맞으면 맞장구를 치며 생각이 다르면 잘못되었다고 하며 배척한다. 한비는 신하가 좋아하는 것을 군주도 덩달아 좋다고 하는 것을 동취(同取)라 하며, 신하가 비난하는 것을 군주도 비난하는 것을 동사(同舍)라 했다. 조직의 리더라면 부화뇌동해서는 안 되며, 분위기를 일방적인 방향으로 몰아가려는 자들을 가려내는 혜안도 필요한 법이다.

084

큰 정의를 위해 친속을 죽이다

大義滅親 | 대의멸친

『춘추좌씨전』

대의멸친(大義滅親)에서 '대의'란 정의(正義)요 정도(正道)이고, '친'은 친속(親屬)이다. 국가나 사회를 위해 친속과 같은 사사로운 정에 얽매이지 않는다는 말로, 『춘추좌씨전』 은공(隱公) 4년에 나오는 말이다. 춘추 시대 위(衛)나라 장공(莊公)에게는 희완(姬完)과 희진(姬晉) 그리고 후궁 소생의 막내 주우(州吁) 등 세 아들이 있었다. 주우는 유약한 성격의 희완과 달리 과격하고 거침이 없었다. 당시 강직한 대부 석작(石碏)은 근심 어린 얼굴로 장공에게 말했다.

"만일 전하께서 자식을 아끼신다면 의로움(義)을 가르쳐 사악한 길로 빠지지 않게 하십시오. 지금 주우가 교만하고 사치스러운 것은 전하의 총애가 도를 넘기 때문입니다."

그러나 장공은 석작의 간언을 귀담아듣지 않았고, 석작은 아들 석후(石厚)에게 주우와 가까이 지내지 말라고 불호령을 내렸지만 소용이 없었다.

장공이 세상을 떠나자 맏아들 희완이 즉위하여 환공(桓公)이 되었다. 석작은 벼슬을 내놓고 물러났다. 주우는 기회를 틈타 환공을 시해하고 임금 자리에 올랐는데, 민심을 얻지 못해 전전긍긍했다. 주우의 처지를 걱정한 석후는 아버지를 찾아가 좋은 해결책이 없는지 물어보았다. 그러자 석작은 아들에게 말했다.

"주우가 주나라 천자를 알현하여 인정을 받으면 민심이 그에게로 쏠릴 것이다. 이 일은 진(陳)나라의 도움을 받는 것이 좋다."

이에 주우와 석후는 우선 진나라를 향해 떠났다. 이 소식을 들은 석작은 진나라에 혈서를 써 보내 주우와 자신의 아들 석후는 임금을 시해한 역적들이니 당신 나라에 다다르면 체포해 달라고 간곡히 요청했다. 석작의 계책대로 주우와 석후가 위나라로 호송되어 왔다. 일부 대신들은 석작의 공을 인정하여 그의 아들만은 사면해 주자고 했으나, 석작은 대역무도한 자신의 아들을 대의로 단죄하고 장공의 둘째 아들 희진을 등용하여 위나라를 일시적이나마 안정시켰다.

『춘추좌씨전』에서는 석작의 육친불인(六親不認)의 태도를 "대의를 위해 친속을 죽임은 아마 이것을 말하는가?(大義滅親, 其是之謂乎?)"라고 하며 높이 평가했다. 공정함의 잣대는 친소 관계를 떠나 법과 원칙의 테두리 안에서 엄정하게 적용되어야 한다. 사사로운 감정에 치우쳐 대사를 그르친 예는 대부분 공사를 구분하지 못하고 제 식구를 챙기는 데서 비롯되는 법이다.

085

뿌리를 치면 잎이 흔들리게 된다

拊本葉搖 | 부본엽요

『한비자』

"나무를 흔들 때 한 잎 한 잎 끌어당기면 힘만 들 뿐 전체에 미치지 못하지만, 뿌리를 좌우에서 친다면 잎이 전부 흔들리게 될 것이다.(搖木者一一攝其葉, 則勞而不徧; 左右拊其本, 而葉徧搖矣.)"(『한비자』「외저설 우하」)"

다스리는 데에도 기술이 필요하다는 의미로 군주가 아랫사람을 다스리기 위해서는 근본을 장악해야 된다는 것이다. 이런 예를 보자. 수레 몰이의 명수 조보(造父)가 밭을 매고 있는데, 어떤 아버지와 아들이 수레를 타고 지나가는 것이 보였다. 그런데 말이 갑자기 무엇엔가 놀라서 가려고 하지 않는 것이었다. 아들은 수레에서 내려 말을 끌고, 아버지는 내려서 수레를 밀며 조보에게 도와 달라고 부탁했다. 조보는 요령을 발휘하여 채찍은 쓰지도 않고 고삐를 당겼는데 말을 달려 나가게 했다. 군주는 조보처럼 해야 하는 것이다.

이번에는 지엽에 얽매인 사례다. 맹상군(孟嘗君)의 아버지인 정곽군(靖郭

君) 전영(田嬰)이 제나라의 재상으로 있을 때 어떤 사람이 왕에게 간언했다.

"한 해 동안의 예산은 임금님께서 며칠을 두고 손수 밝히지 않는다면 관리의 부정과 선악을 알 수 없을 것입니다."

왕은 이 말에 수긍했다. 전영은 이 말을 듣고 왕에게 직접 회계를 해 볼 것을 요청했고, 왕이 받아들이자 담당 관리에게 미곡의 수량을 기재하게 하여 소상하게 보고하도록 했다. 그런데 계산이 너무 복잡하자 왕은 제대로 듣지 못하여 속아 넘어가고 있었다. 왕이 일을 제대로 하지 못하는 것을 보고 전영이 말했다.

"이 문서는 온 신하가 1년 동안 밤낮을 가리지 않고 한 일입니다. 왕께서 하룻밤을 새워 들으신다면 신하들이 감격하여 더욱 열심히 일할 것입니다."

왕은 알았다고 대답은 했으나 마침내 잠이 들고 말았다. 그러자 관리는 서명한 문서의 미곡의 계수(計數)를 칼로 긁어 사기를 치고 말았다.

086

기습과 정공은 상생한다

奇正相生 | 기정상생

『손자병법』

기정상생(奇正相生)은 『손자병법』 「세(勢)」 편에 나오는 말이다. '기(奇)'와 '정(正)'은 철학의 범주로 '정'은 정상(正常)이란 의미이고 이 둘은 서로 보완적인 개념이다. 군사적으로 볼 때 기정이란 세(勢)를 형성하는 술(術)로, 비정규 전술과 정규 전술 양자를 가리킨다. '정'이 교전을 시작할 때 적진에 투입하는 정면공수(正面攻擊) 부대라면, '기'는 장군의 수하에 남겨 두어 우측과 좌측의 날개가 되어 기습공격(奇襲攻擊)을 하는 부대다. 또한 수비를 담당하는 부대를 '정'이라 하고 기동 부대를 '기'라 한다. 작전의 측면에서 본다면, 적진을 향해 직접 창끝을 겨누는 것을 '정'이라 하고 우회하여 측면으로 출동하는 것을 '기'라고 한다. 작전 원칙으로 본다면 정상적이고 일반적인 원칙을 운용하는 것을 '정'이라 하고, 변화하는 상황에 기민하게 대응하는 것을 '기'라 한다. 이렇게 보면 '기정'이란 말은 '허실(虛實)'이란 말과 긴밀한 관련이 있다. 다만 '기정'이 병력을 실제 전투에 투입하여 만들어지는 전술적인 배치 상황이라면, '허실'은 분산과 집결이라는 변화의 원칙을 적용하여 전쟁터에서 아군에게는 강하고 적군에게는 약한 형국을 조성하는 것이다. 즉 형체가 있는 것으로써 형체가 있는 것에 응하는 것이 '정'이며 형체가 없는 것으로써 형체가 있는 것을 제압하는 것은 '기'인 셈이다. 손자는 "무릇 전쟁이란 정공법으로 (적군과) 맞서고 기습으로 승리한다. 따라서 기습을 잘하는 자는 끝이 없는 것이 하늘과 땅 같고 마르지 않는 것이 강과 바다 같다.(凡戰者, 以正合, 以奇勝. 故善出奇者, 無窮如天地, 不竭如江河.)"(「세」)라고 단언한다.

전쟁에서는 정공법과 기습법을 능숙하게 구사하는 장수가 승리하게 돼 있다. 정공법으로 주력 부대와 맞서고 기습 전술에 따라 유격 부대를 움직여 승리를 결정짓는 것은 용병의 기본이라고 해도 과언이 아니다. 『노자』 57장에 나오는 "정도로써 나라를 다스리고 기습으로 용병한다.(以正治國, 以奇用兵.)"라는 말도 같은 맥락에서 이해할 수 있다.

087

가서 만날 수는 있어도
굽혀서 오게 할 수는 없다

可就見不可屈致 | 가취현불가굴치

『삼국지』

　　가취현불가굴치(可就見不可屈致)는 인재란 온 정성을 다해 데려와야 한다는 의미로, 삼고초려(三顧草廬)란 말과 유사하다. 『삼국지』 「제갈량전」에 의하면, 제갈량은 자가 공명(孔明)이고 농사를 지으며 「양보음(梁父吟)」이라는 노래를 즐겨 불렀다. 그는 평소 자신을 명재상 관중과 악의에 비유했지만 당시 알아주는 자는 거의 없었고, 단지 최주평(崔州平)이나 서서(徐庶) 등과 친분이 있을 뿐이었다.

　　당시 유비는 신야(新野)에 주둔하고 있었는데, 그를 만나러 온 서서가 와룡(臥龍)인 제갈량을 만나 보라고 조언하자, 유비는 서서에게 데리고 올 수 없겠냐고 했다. 그러자 서서는 "이 사람은 가서 만날 수는 있어도 굽혀서 오게 할 수는 없습니다.(此人可就見不可屈致也.)"라고 하고는 몸소 찾아가야 될 것이라고 했다. 유비는 세 차례나 찾아간 다음에야 비로소 제갈량을 만나, 옆에 있는 사람들을 내보내고 붕괴 직전의 한나라 왕실의 상황을 말하면서 자신의 역량은 부족하지만 천하에 대의(大義)를 펼치고자 하니 도와 달라고 간곡히 부탁했다.

제갈량은 유비가 자신의 낮은 신분을 괘념치 않고 세 차례나 몸을 굽혀 찾아온 데 감동했다. 그는 당시의 형세를 일목요연하게 분석하여 조조가 북방의 원소를 무찌르고 강자가 될 수 있었던 이유로 시운(時運)만이 아니라 인모(人謀)를 들고, 강동의 손권은 이미 3대째에 이르러 탄탄한 기반을 구축하고 있으므로 이들 사이를 비집고 들어갈 틈이 없다고 했다. 그러고는 과거 고조가 제업(帝業)을 세웠던 익주를 근거지로 하여 천하를 도모하는 것이 나을 것이라고 대안을 내놓았다. 익주는 이미 유장(劉璋)이란 자가 차지하고 있는 것이 걸림돌이나, 그는 우매하고 유약하며 민심을 얻지도 못하고 있으므로 무리 없이 그곳을 차지할 것이라고 제갈량이 덧붙이자 유비는 감탄할 수밖에 없었다. 당시 제갈량의 나이가 겨우 20대 후반이었으니 말이다. 제갈량은 이후 유비의 군사(軍師)가 되어 오나라와의 연합 전선을 구축하고 적벽대전에서 조조의 대군을 격파하여 삼국정립(三國鼎立)의 초석을 다졌다. 이 둘은 수어지교(水魚之交)의 관계를 지속하면서 군신 관계의 모범을 보여 주었다.

088

복숭아 두 개로 세 무사를 죽이다

二桃殺三士 | 이도살삼사

『안자춘추』

　　이도살삼사(二桃殺三士)는 모략으로 체면을 중시하는 상대방을 꾀어 자멸시키는 것을 말하며 차도살인(借刀殺人)과 유사한 말이고, 이도삼사라고도 한다. 『안자춘추』「간하(諫下)」 편에 나오는 말이다.

　　제나라 경공(景公) 곁에는 공손접(公孫接), 전개강(田開疆), 고야자(古冶子) 등의 무사가 있어 늘 따라다니며 호위했다. 이들은 무예가 높고 기개가 세상을 뒤덮을 만하여 경공의 두터운 신임을 받았다. 성은 달랐으나 의형제처럼 지냈던 이들은 위세를 과시하면서 관원들은 안중에 두지도 않았고, 심지어 재상인 안영에게까지 오만 방자하게 굴었다. 안영이 이들의 작태를 유심히 지켜보다 훗날 큰 화근이 되겠다고 판단하여 경공에게 이들을 제거하도록 권하니 경공은 안영에게 방법을 찾아보라고 했다.

　　안영은 경공이 상을 내린다고 하여 세 사람을 궁궐로 불렀다. 그러고는 금 쟁반에 복숭아 두 개를 내놓으며 이렇게 말했다.

"세 분은 국가의 동량(棟梁)이요 강철 같은 무사이십니다. 주군께서 당신들을 위해 궁궐 뒷동산의 복숭아를 맛보게 하셨으나 잘 익은 것은 겨우 두 개뿐이라 공로에 따라 드시면 됩니다."

안영의 말이 끝나기가 무섭게 먼저 공손접은 자신이 숲 속에서 멧돼지를 잡은 일과 맨손으로 맹호를 잡은 일을 거론하며 복숭아 한 개를 가져갔다. 전개강 역시 두 번이나 전쟁에 참여하여 제나라의 위엄을 알리는 공을 세웠다고 하면서 복숭아를 가져갔다. 그러자 고야자는 화가 치밀어 자신이야말로 주군의 마차가 황하로 휩쓸려갔을 때 홀로 물속에 들어가 주군의 목숨을 구했다고 하면서 복숭아를 내놓으라고 소리치고는 보검을 뽑아 시위했다. 이에 다른 두 사람은 자신들의 행동에 부끄러움을 느끼고 즉시 칼을 뽑아 자결하고 말았다. 선혈이 채 마르지 않은 두 사람의 시신 앞에서 고야자 역시 한탄하며 스스로 목숨을 끊었다.

089

총애하는 신하를 지나치게 가까이하면
반드시 그 자신을 위험하게 할 것이다

愛臣太親, 必危其身 | 애신태친, 필위기신

『한비자』

애신태친, 필위기신(愛臣太親, 必危其身)은 믿는 사람을 더욱 경계하라는 말로, 군주의 총애를 받는 신하의 권세가 높아지면 군주의 신변마저 위태롭게 할 수 있다는 것을 뜻한다. 『한비자』「애신(愛臣)」 편에 다음과 같은 구절이 나온다.

"대신을 너무 귀하게 대우하면 반드시 군주의 자리를 바꾸려 할 것이고, 왕비와 후궁 간에 차등을 두지 않으면 반드시 적자를 위험에 빠뜨릴 것이며, 왕실의 형제들을 복종시키지 못하면 반드시 사직을 위태롭게 할 것이다.(人臣太貴, 必易主位; 主妾無等, 必危嫡子; 兄弟不服, 必危社稷.)"

한비가 예로 든 신하, 왕비와 후궁, 군주의 형제들은 모두 군주의 최측근으로서 왕의 신임을 얻는 자들이다. 이러한 사람들은 오히려 군주를 위험에 빠뜨리는 암적 존재일 수 있다. 하극상이나 내란, 형제간의 왕권 다툼, 처첩 간의 갈등 등은 대부분 군주와 가장 가까운 자들에 의해 저질러지기 때문이다. 그래서 한비는 현명한 군주라면 아무리 총애하는 신하일지라도 분수에 맞는 봉록과 권한만을 주어서 사악한 마음을 미연에 방지하는 데 힘써야 한다고 강조한다. 증삼살인(曾參殺人)이란 말에서 자식의 효성을 믿었던 증삼의 어머니마저 이웃의 말 몇 마디에 무너졌음을 알 수 있듯이, 의도적인 모함으로 모두가 해를 입을 가능성이 늘 있는 것이다.

형제나 처첩 또는 신하의 모함으로 현인이나 성인이 목숨이 위협당하고 군주의 자리 역시 위태롭게 되는 일은 결코 드문 일이 아니다. 그러므로 군주는 곁에 있는 신하의 심리를 잘 파악해야 한다. 「내저설 상(內儲說上)」편에서 한비는 삼인성호(三人成虎)라는 고사성어를 통해 아무리 신임받는 신하일지라도 측근들의 말에 의해 진실이 왜곡되어 죽음까지 내몰릴 수 있다는 점을 말한다. 군주는 총애하는 신하라는 중간자적 위치에 있는 자들의 말을 새겨들으면서도 자신이 문제 해결의 주체가 되어야 한다. 늘 눈앞에 보이지 않는 적을 대비하려고 하지만, 외부의 적보다는 내부의 적이 더 무섭다는 것을 명심해야 할 것이다.

090

먼저 외(隗)부터 시작하라

先始於隗 | 선시어외

『전국책』

가까이 있는 사람이나 말을 꺼낸 자부터 시작하라는 뜻인 선시어외(先始於隗)는 인재를 어떻게 예우하는가에 따라 전혀 다른 상황이 초래된다는 말이다. 여기서 '외'는 곽외(郭隗)라는 자다. 『전국책』의 「소왕(昭王)」 편에서 나온 말이다.

연나라 소왕이 왕위에 오를 무렵 연나라는 안으로는 내분이 일어나 혼란스러웠고, 밖으로는 제나라에게 영토의 많은 부분을 빼앗겨 국력이 쇠약해졌다.

소왕은 곤경에 처한 연나라를 일으키기 위해 현명하고 지혜로운 자들을 직접 찾아 나섰다. 하루는 곽외라는 자를 만나 잃은 영토를 회복할 만한 인재를 구할 수 있는 방법에 관해 물었다. 곽외는 이런 비유를 들었다.

"옛날에 어떤 왕이 천리마를 구하려 했지만 3년이 지나도록 얻지 못했습니다. 그때 어떤 이가 천리마를 구해 올 수 있다고 나섰기에 그에게 천금을 주고 일을 시켰습니다. 그 사람은 석 달 뒤에 천리마가 있는 곳을 알아내고 비로소 달려갔지만, 그가 도착하기 며칠 전에 말이 죽어 버렸습니다. 그렇지만 그 사람은 죽은 천리마의 뼈를 500금이나 주고 사 왔습니다. 이에 왕이 매우 화를 내며 '내가 원하는 것은 살아 있는 천리마이지 죽은 말의 뼈가 아니다.'라고 하자 그는 '이제 사람들은 천리마라면 그 뼈도 거금으로 사니 살아 있는 천리마라면 비싼 값을 쳐 줄 것으로 생각하여 머지않아 반드시 천리마를 끌고 올 것입니다.'라고 답했습니다. 그의 말대로 1년도 안 되어 천하의 명마를 세 필이나 얻었습니다. 전하께서 진정으로 어진 인재를 구하신다면 먼저 신(臣) 외부터 시작하십시오."

자신이 중용되었다는 소문이 나면 인재들이 몰려들 것이라는 곽외의 말에 소왕은 그를 스승으로 대우했다. 이 일이 알려지자 위(魏)나라의 명장 악의(樂毅)를 비롯하여 추연(鄒衍), 극신(劇辛) 등의 인재들이 모여들었다. 특히 소왕은 악의를 상장군에 임명하여 제나라를 쳐부수고 궁실의 종묘마저 불살라 원수를 갚았다.

091

남을 믿으면 남에 의해 제어된다

信人則制於人 | 신인즉제어인

『한비자』

신인즉제어인(信人則制於人)은 다른 사람을 함부로 믿지 말라는 말로, "군주의 우환은 남을 믿는 데서 비롯된다.(人主之患在於信人.)"(『한비자』 「비내(備內)」)라는 구절 뒤에 나온다. 한비는 이 편에서 다음과 같은 비유를 들었다.

"수레를 만드는 사람은 수레를 만들면서 남들이 부귀해지기를 바라며, 관을 짜는 사람은 관을 만들면서 남들이 요절해 죽기를 바랄 것이다.(興人成興, 則欲人之富貴; 匠人成棺, 則欲人之夭死也.)"

한비의 이 말은 수레를 만드는 사람이 인자한 것도 아니고, 관을 만드는 사람이 악한 것도 아니라는 것이다. 이들은 단지 이익이라는 목표를 추구하는 방법이 다를 뿐이다. 후비나 부인이 자기 자식이 군주가 되기를 바라는 것도 그를 통해 이익을 보겠다는 생각에서 비롯되는 것이다. 한비는 이어 이런 이야기를 들었다. 왕량(王良)이 말을 사랑하고 월나라 구천이 사람을 아꼈던 것은 전쟁에서 잘 부리기 위함이었으며, 의사가 환자의 고름을 뽑아내기 위해 상처를 빨아 나쁜 피를 머금는 것은 그 환자와 골육의 정이 있어서가 아니라 이익을 얻기 위해서이다. 이는 사람의 마음을 극단적으로 재단한 것이 아니냐고 하겠지만 역사 속에서 바라본 현실이 엄연히 그렇다는 것이다. 이런 맥락에서 다음의 말을 곱씹을 만하다.

"일이 일어나 이익이 발생할 경우에는 그 일에서 이익을 얻는 자가 주재자이고, 그것이 해로움을 준 경우라면 반드시 이익을 얻은 자를 살펴야 한다."(『한비자』「내저설 하」)

모든 일은 상대적이다. 한쪽이 손해를 보면 다른 쪽은 이익을 보게 되는 것이 세상의 이치다. 상대에게 위해를 가한 쪽은 그것으로 인해 자신이 이득을 얻는 경우가 많으므로 이해관계의 당사자가 누구인지 분명하게 살펴보아야 할 것이다.

092

상책의 용병은 계략을 공격하는 것이다

上兵伐謀 | 상병벌모

『손자병법』

상병벌모(上兵伐謀)는 교묘한 전략으로 적을 공격하는 것이 상책이란 뜻으로 『손자병법』 「모공」 편에 나오는 말이다. '모'는 책략 혹은 전략이며 '벌'은 '공(攻)'과 마찬가지로 공격을 뜻한다. 손자는 싸우지 않고 적을 굴복시키는 것을 최상의 전략으로 보았다.

"상책의 용병은 적의 계략을 공격하는 것이고 차선은 적의 외교 관계를 공격하는 것이며 그다음 정책은 군대를 공격하는 것이고 그 아래의 정책은 성을 공격하는 것이다.(上兵伐謀, 其次伐交, 其次伐兵, 其下攻城.)"

여기서 손자는 '벌모', '벌교', '벌병', '공성'을 순서대로 드는데, 뒤로 갈수록 희생이 커지고 성과는 줄어든다. 이 네 가지는 손자가 말한 '비전(非戰)', '비공(非攻)', '비구(非久)'의 삼비(三非) 원칙과 같은 맥락에 있으며 아군의 손실을 최소화하고 적의 침략 의지를 꺾는 용병법이다. '벌모'란 상대를 굴복시키기 위해 때로는 위협하고 때로는 이간질하며 때로는 유혹하는 등 동원할 수 있는 거의 모든 모략을 의미한다. 사방이 제후국에 둘러싸인 상태에서는 튼튼한 연맹을 맺는 '벌교' 역시 중요하다. 벌교란 다른 제후국들이 아군의 전술에 대응하는 데 급급하게 만들며 이쪽의 틈은 보이지 않는 것이다. 전쟁을 결정하면 아군의 전술을 알지 못하게 하기 위해 성문을 걸어 잠그고 통행증을 폐기하여 적국의 사절이 접근하지 못하게 하기도 했다. 외교는 총성 없는 전쟁이라는 말도 있듯이, 승리의 보조 수단으로 중요한 역할을 한다.

손자는 군사적인 대응을 가리키는 '벌병'을 외교 다음의 대응책으로 꼽고 피해는 크되 효과를 내기는 어려운 '공성'을 최하위에 두었다. 그는 성을 오르는 병사들을 '의부(蟻附)', 즉 개미 떼로 비유하면서 공성은 무능한 장수가 병사들을 하찮은 미물로 여겨 치르는 무모한 전쟁법이라고 보았다. 「모공」 편의 첫머리에서 말했듯 완전한 승리란 '나라를 온전하게(全國)' 유지하면서 이기는 것이며, '나라를 파괴하는(破國)' 것은 차선책에 불과하다.

최소의 비용, 최대의 효과란 단지 용병의 문제에 국한되는 것이 아니라 어떤 일을 하든 간에 적용되어야 하는 최상의 비책일 것이다.

093

매우 공정하여 사사로움이 없다

大公無私 | 대공무사

『여씨춘추』

대공무사(大公無私)는 공평하고 정직하여 사사로운 감정에 얽매이지 않는 것을 뜻한다. 지공무사(至公無私), 공평무사(公平無私), 사기위공(捨己爲公), 흑백분명(黑白分明)과 유사하고, 대사무공(大私無公), 가공제사(假公濟私), 자사자리(自私自利)와 반대된다.

『여씨춘추』「거사(去私)」 편을 보면 어떤 편협함도 없는 천지(天地)와 사사로움이 없이 그저 베풀어 만물을 성장하도록 하는 일월(日月)과 사시(四時, 네 계절)는 '대공무사'의 전형이라 하고는 이런 비유를 들었다.

춘추 시대 진(晉)나라 평공(平公)이 기황양(祁黃羊)에게 물었다. "남양현에 장(長) 자리가 비어 있는데 누구를 보내면 좋겠소?"

기황양은 주저하는 기색 없이 곧바로 대답했다. "해호(解狐)를 보내면 반드시 훌륭하게 임무를 해낼 것입니다."

평공이 놀라서 물었다. "그대는 해호와 원수지간이 아닌가? 어찌 해호를 추천하는가?"

"공께서 물으신 것은 임무를 수행할 수 있는 적임자이지, 해호가 제 원수인지의 여부가 아닙니다."

결국 해호는 임무를 성실히 수행했다. 얼마 뒤 평공이 다시 물었다.

"지금 조정에 자리가 하나 비었는데 누가 적임자인가?"

"기오(祁午)가 수행할 수 있을 것입니다."

평공이 이상하다는 듯 반문했다. "기오는 그대 아들이 아니오. 어찌 아들을 추천할 수 있소?"

"공께서는 누가 적임자인지를 물으셨지, 기오가 제 아들인지를 물으신 게 아닙니다."

공자는 이 이야기를 듣고 나서 이렇게 평가했다.

"훌륭하구나, 기황양의 논점이여! 밖으로 추천함에 원수를 피하지 않았고, 안으로 추천함에 자식을 피하지 않았으니 기황양은 공정하다고 할 수 있구나.(善哉, 祁黃羊之論也! 外擧不避仇, 內擧不避子, 祁黃羊可謂公矣.)"

청나라 공자진(龔自珍)도 「논사(論私)」라는 글에서 "조정의 대부는 친구의 청을 받으면 이튿날 새벽에 그 친구를 조정에 고하는 곧은 목소리를 내어야 한다."라고 했으니 그 어떤 친소 관계도 예외가 될 수 없는 것이다.

094

죄를 지었기 때문에 베인다면
사람들은 윗사람을 원망하지 않는다

以罪受誅, 人不怨上 |이죄수주, 인불원상

『한비자』

잘못을 저지르면 어떤 벌을 받더라도 결코 다른 사람을 탓하지 않는다는 말로 『한비자』「외저설 좌하(外儲說左下)」 편에서 군주가 훌륭한 통치를 하기 위해 준수해야 할 여섯 가지 덕목 가운데 첫번째로 거론된다. 그 내용은 이렇다.

공자가 위(衛)나라의 재(宰)로 있었을 때, 제자인 자고(子皐)가 옥리로 있었다. 어느 날 자고는 어떤 죄인을 발목 자르는 형에 처했다. 발목을 잘린 죄인은 문지기가 되었다. 이 무렵 공자를 모함하는 자가 있어 군주가 공자를 체포하려 하니 공자는 도망을 쳤고, 제자들도 모두 달아났다. 자고가 뒤늦게 문을 나가려고 하는데, 발목을 잘린 문지기가 나타나서 지하실에 숨겨 주었다. 그리하여 포졸이 쫓아왔으나 자고를 발견하지 못하고 돌아갔다. 밤중에 자고가 그 문지기에게 왜 복수하지 않고 자신을 숨겨 주었느냐고 물었다. 그 문지기의 대답은 이러했다.

"내가 발이 잘린 것은 내가 범한 죄에 상당하므로 도리 없는 일이었습니다. 당신은 나를 처벌할 때 법령을 여러 번 조사하였고, 더욱이 나를 구제하고자 마음을 써 주었습니다. 판결이 내려지고 형벌이 확정되었을 때 당신의 표정은 어두웠습니다. 당신이 그랬던 것은 인정 때문이 아니라 천성적인 인애 때문이라고 생각합니다. 나는 형을 당하면서도 당신을 훌륭한 어른이라고 생각했던 것입니다."

자고가 살아남게 된 것은 오히려 법을 마땅하게 집행했기 때문이었다. 죄를 범한 자에게 벌을 내리지 않는다고 해서 죄를 지은 자가 자애롭다고 여기지 않는다는 이야기다.

사람들은 공연스레 상을 주면서 생색을 내거나 벌을 주면서 마음속으로 괴로워한다. 곡식을 공평하게 나누는 도구인 두(斗)와 마찬가지로 사람을 올바르게 이끄는 질서와 규칙이 공평하게 적용되어야 조직의 기강이 바로잡힌다.

095

임금을 도울 만한 풍모

王佐之風 | 왕좌지풍

『삼국지』

왕좌지풍(王佐之風)은 뛰어난 재능을 지녀 제왕을 보좌할 만한 풍모라는 뜻으로 왕좌지재(王佐之才)와 같은 말이며 『삼국지』 「순욱전(荀彧傳)」에 나온다.

"순욱은 인품이 청아하고 수려했으며, 학문에 통달하고 단아하여 임금을 도울 만한 풍모를 지녔다. 기민하게 헤아리고 먼저 식별하는 능력이 있었으나 그의 뜻을 충분히 살리지는 못했다.(荀彧淸秀通雅, 有王佐之風, 然機鑒先識, 未能充其志也.)"

명문가의 자손으로 태어난 그는 나이 쉰에 세상을 떠나기까지 조조의 창업을 도운 핵심 참모다. 원래 그는 북방의 강력한 원소에게 상빈(上賓)의 예우를 받았다. 그의 동생 순심(荀諶)을 비롯하여 곽도(郭圖) 같은 자도 원소의 수하에 들어갔으나 순욱은 원소를 결국 큰일을 이루지 못할 사람으로 단정하고는 나이 스물아홉에 과감히 조조에게로 가서 '나의 장자방(吾之子房)'이라는 극찬을 들었다.

당시 동탁이 천하를 풍미할 때 그는 동탁의 포학성과 무능함을 알아보고 천하의 흐름을 정확히 읽어 내면서 조조의 도겸(陶謙) 정벌에 동행했고, 곽가와 정욱이란 모사를 조조에게 천거하는 안목을 두루 선보이며 소신과 명분으로 20여 년 동안 조조의 곁에 있었다. 순욱은 또한 조조의 절대적 열세로 보였던 관도대전을 승리로 이끌었다. 당시 원소 병력의 10분의 1정도밖에 안 되는 1만 명 가량의 병력을 거느리고 있던 조조는 부상자가 속출하고 식량마저 부족하여 철군하려 했다. 이에 순욱은 "상대를 제압하지 못하면 반드시 짓밟히게 되니, 지금이야말로 천하의 운명이 걸린 중요한 시기입니다. 더구나 원소는 평범한 일개 우두머리에 불과하므로 인재를 모아도 쓸 줄은 모릅니다."라고 하면서 조조를 설득했다. 순욱은 조조의 인사 정책의 장점인 공정함, 결단력, 임기응변, 신상필벌, 인재 예우 등이야말로 승리의 원동력이라 보았다. 결국 조조는 대승하여 천하 경영의 초석을 닦을 수 있었다.

순욱은 또한 조조의 작위를 국공(國公)으로 추대하자는 동소(董昭) 등에게 신하의 명분을 강조하면서 반대하여 조조와의 관계가 소원해지는 것을 감수했다. 그는 조조가 막내 조식(曹植)을 후계자로 선정하려고 했을 때도 적장자 원칙을 내세우며 설득하여 조비(曹丕)에게로의 원만한 승계를 유도해 낸 소신파였던 것이다.

096

멀리 보고 밝게 살핀다

遠見明察│원견명찰

『한비자』

원견명찰(遠見明察)은 지혜롭고 현명한 군주의 자세를 이르는 말로, 군주는 멋대로 일을 처리하는 간악한 신하들을 가려낼 수 있는 혜안이 있어야 한다는 것이다.

"통치술에 정통한 인사는 반드시 멀리 보고 밝게 살핀다. 밝게 살피지 못하면 사사로운 일을 밝혀낼 수 없다. 법도를 잘 지키는 인재는 반드시 굳건하고 강직하다. 굳건하고 강직하지 않으면 간사한 자들을 바로잡을 수 없다.(智術之士, 必遠見而明察, 不明察, 不能燭私. 能法之士, 必强毅而勁直, 不勁直, 不能矯姦.)"(『한비자』「고분(孤憤)」)

강의경직(强毅勁直)은 법과 원칙을 지키는 인사들의 일반적인 속성이다. 이들은 주변과 타협하지 않으며 소신을 굽히지 않는 외로운 사람들이다. 그러기에 한비는 '홀로 분격해 있다'는 의미의 '고분'이란 말을 쓴 것이다. 이들이 원견명찰한 군주의 신임을 받아 임용된다면 나라를 해치는 좀들을 잡아낼 수 있을 터이나, 그런 군주는 예상 외로 매우 드물다. 아니 진실을 말하며 바른 소리를 하는 신하를 좋아하는 군주는 없다는 것이 한비의 생각이다. 그래서 강의경직한 자들은 지위가 낮고 인정받지 못하여 항상 신변의 위협을 느끼며 홀로 울분에 가득 차 있다. 신하에 대한 군주의 평가는 실제 공적이 아니라 자신의 친소 관계 등에 좌우되기 때문이다.

그러므로 군주는 주변에 사사로이 패거리를 지어 제멋대로 권력을 휘두르는 자들을 살피는 '명찰(明察)'의 지혜를 발휘해야 한다. 개혁적이고 혁신적인 사고를 갖춘 자들은 기득권을 가진 자들과 대립하고 충돌할 수밖에 없으니, 군주는 강의경직한 인재들이 자신의 곁에 머무를 수 있도록 배려할 줄 알아야 한다. 최고 권력자인 군주의 눈과 귀가 열려 있어야만 통치의 장애물인 인(人)의 장막에서 벗어날 수 있기에 말이다.

공이 이루어지면 몸은 물러난다

功遂身退 | 공수신퇴

『노자』

공수신퇴(功遂身退)는 물러날 때와 장소를 구분하지 못하는 인간의 어리석음을 빗댄 말로, 『노자』 제9장에 나온다.

"부귀하면서 교만하면 스스로 허물을 남기게 되니, 공이 이루어지면 몸은 물러나는 것이 하늘의 이치이다.(富貴而驕, 自遺其咎. 功遂身退, 天之道.)"

공수신퇴라는 말은 공을 세우고 자리를 오래 차지하면 안 되며, 스스로 물러나지 않고 바둥거리다 보면 결국 해를 당하게 되어 있다는 의미를 담고 있다. 마치 해와 달이 그렇듯 성함이 있으면 반드시 쇠함이 있으며 즐거움이 극에 이르면 슬픔이 따르는 순리를 알라는 말이다.

사물이 극에 이르면 돌아가게 되는 것이 세상의 이치다. 일정한 만족을 얻고 나면 즉시 그만두어야 후환이 없는 법이다. 그런데도 어리석은 인간은 움켜쥐고 놓지 않으려 한다. 사소한 무언가를 잃지 않으려고 무리하다 보면 결국 모든 것을 잃게 된다는 것이다.

그러니 자만을 경계하고 겸허해야 한다. 인간의 근본적인 권력욕을 경고하는 노자의 목소리는 끊임없는 권력욕의 비애를 말한 '토사구팽'이란 단어를 떠올리게도 한다.

이미 부귀나 명예를 가지고 있다면 가지고 있다는 사실 자체를 잊어버리는 것도 하나의 방법일 것이다. 노자가 요구했던 것은 물러날 때를 알고 떠나는 아름다운 뒷모습이었겠지만 말이다.

098

용모로써 사람을 취하다

以貌取人 | 이모취인

『사기』

이모취인(以貌取人)은 외모로 사람을 평가한다는 말로, 사마천이 장량(張良)이란 자에 대해 공자의 탄식을 인용하여 한 말이다.

"용모로써 사람을 취한다면 나는 자우에게 실수했다.(以貌取人, 失之子羽.)"(『사기』「유후 세가(留侯世家)」)

공자보다 39세 아래였던 자우는 너무나 못생겨서 공자는 그가 가르침을 받으러 왔을 때 재능이 모자라는 사람이라 여겼다. 그러나 자우는 가르침을 받고 나면 덕행을 닦는 데 힘썼으며 공적인 일이 아니면 경대부들을 만나지 않았으니 그를 따르는 제자가 300명이나 되었다.

장량은 청빈하고 고결한 성품의 소유자로 군사적인 상황을 철저하게 분석하여 고조를 도와 한(漢) 제국을 창업하는 데 큰 공을 세웠기에 제후의 반열에 올랐다. 예를 들어 유방이 고릉(固陵)에서 곤경에 처했을 때, 장량의 계책으로 제나라 왕 한신이 오지 않았다면 유방은 결코 벗어나지 못했을 것이다. 그러기에 사마천은 그를 평하여 "한 고조가 곤궁한 경우가 자주 있었는데, 유후(장량)는 늘 공력을 남겼으니, 어찌 하늘의 뜻이 아니라고 말할 수 있겠는가?"라고 말했다. 이런 예는 일일이 거론하기도 힘들다. 유방이 푸념하며 "군막 속에서 계책을 짜내어 1000리 밖에서 승리를 결정짓는 일에 있어서는 내가 자방(子房, 장량)만 못하다."라고 했을 정도로 뛰어난 인물이 아니던가.

그런데 사마천이 사료를 취재하느라 답사하던 중에 장량의 고향에서 화상(畵像)을 직접 보게 되었는데, 예상외로 곱상한 외모였다. 장량 정도의 전략가라면 심원한 내공이 스민 관상을 가졌을 것이라 생각했는데 막상 보니 그렇지 않았던 것이다. 그러나 자신의 선입견을 의식한 사마천은 공자의 말을 떠올리고는 외모로 인해 진면목을 못 보는 어리석음을 범해서는 안 된다는 것을 되새겼다.

099

여덟 가지 간사함

八姦｜팔간

『한비자』

나쁜 신하가 군주에게 저지르는 여덟 가지 간사한 행동인 팔간(八姦)은 동상(同床), 재방(在旁), 부형(父兄), 양앙(養殃), 민맹(民萌), 유행(流行), 위강(威强), 사방(四方) 등을 이르는 말로 『한비자』「팔간」편에 나온다.

'동상'이란 잠자리를 같이하는 자들, 즉 정실부인과 총애하는 후궁 등이 군주를 현혹시키고 군주가 쉴 때나 만취했을 때를 틈타 원하는 바를 얻어 내는 것이다. '재방'은 군주의 측근인 배우, 난쟁이, 심부름꾼 등이 입에 발린 소리로 군주의 마음을 움직이는 것을 말한다. 이들은 군주가 명령을 내리기도 전에 군주의 뜻에 영합하고 군주의 낯빛을 살펴 비위를 맞추어 이익을 꾀하는 자다. '부형'이란 친인척들이 군주의 적자와 그 밖의 자식들을 일컫는 골육(骨肉)들과 함께 혈연관계를 가지고 군주를 이용하는 것을 말한다. '양앙'이란 군주의 기호로, 궁궐과 누각, 연못 등을 가꾸는 일이나 미녀나 개, 말 등을 꾸미는 일에 빠짐으로써 초래되는 재앙을 일컫는다. '민맹'

이란 신하가 공적인 재물로 백성들의 환심을 사서 자신의 목적을 달성하는 행동을 말한다. '유행'이란 교묘한 말로 군주의 마음을 허물고 판단을 흐리게 하는 것을 말하는데, 이는 외부와 단절되어 있는 군주가 곧잘 당하는 일이다. '위강'이란 신하들이 협객이나 무사 등의 위세를 빌려 군주를 위협하고 권력을 휘두르는 것을 말한다. '사방'이란 주변국들의 위세를 이용하여 군주로 하여금 큰 나라를 섬기도록 하면서 좌지우지하는 것을 말한다.

팔간에 휘둘린 군주는 구설수에 시달리고 협박을 받기도 하며 권세와 지위의 근간이 흔들려 자멸하는 경우마저 생긴다. 한비의 경고는 군주가 함부로 속내를 내보여 약점을 드러내면 안 된다는 것이다. 조직의 어떤 리더가 이 팔간에서 자유롭다고 장담할 수 있겠는가.

100

굳센 얼굴을 가진 여자

强顔女子 | 강안여자

『신서』

강안여자(强顔女子)는 뻔뻔하고 수치심을 모르는 여자라는 의미로 추녀의 대명사다. 강안(强顔)은 후안(厚顔), 철면피와 같은 말이다. 유향(劉向)의 『신서(新序)』 「잡사(雜事)」 편에 나온다.

제나라에 한 추녀가 살았는데 깊숙이 파인 눈에 코는 하늘을 향해 쳐들려 있었고, 목은 두툼하며 머리숱은 적었다. 굽은 허리에 돌출된 흉부, 옻칠을 한 듯한 검은 피부, 떡 벌어진 골격과 툭 튀어나온 목젖의 소유자인 그녀를 사람들은 출신 지방 이름을 따 '무염녀(無鹽女)'라 불렀다. 무염녀가 서른이 지나도록 거들떠보는 사람은 아무도 없었다. 어느 날 그녀는 선왕(宣王)이 있는 궁을 찾아가 왕을 뵙기를 청했다.

"저는 제나라에서 팔리지 않는 여자입니다. 군왕의 성스러운 덕에 힘입어 원컨대 후궁(後宮)의 청소나 하면서 대궐 문밖에 머물고 싶습니다. 왕께서는 허락해 주십시오."

이 말을 선왕에게 전하자, 궁궐 뜰에서 선왕과 함께 술을 마시던 대신들 가운데 입을 가리고 크게 웃지 않은 자가 없었다. 그러자 선왕은 좌우를 둘러보며 이렇게 말했다.

"이 여자는 천하에서 굳센 얼굴을 가진 여자다.(此天下强顔女子也.)"

얼마 후 선왕은 그녀를 불러 자신이 만승의 제왕이 되고자 한다고 했다. 그런데 그녀는 그저 "위태롭습니다. 위태롭습니다.(殆哉, 殆哉.)"라는 말만 네 차례 되풀이하는 것이었다. 그 이유를 물어보니 그녀는 한 치의 망설임도 없이 초나라와 진나라 사이에 끼어 지리적 요건이 좋지 않은 점, 간신들이 많으며 선왕의 나이 마흔에도 장남을 세우지 않아 사직이 불안정한 점, 현인들은 산림에 은둔해 있고 거짓되고 사악한 신하들만 조정에 득실거려 간언이 받아들여지지 않는 점, 조정에서 밤을 새워 술을 마시고 여악(女樂)과 배우들의 웃음소리가 그침이 없어 국가의 기강이 세워지지 않는 점 등 네 가지 위태로운 상황을 열거했다. 이에 충격받은 선왕은 숨소리조차 낼 수 없었다. 선왕은 즉시 그녀가 지적한 것들을 하나도 빠짐없이 고쳐 나가 국정을 안정시켰으며, 그녀를 왕후로 맞이했다.

101

아버지와 아들은 서로 숨긴다

父子相隱 | 부자상은

『논어』

'은(隱)'이란 숨긴다는 뜻이다. 이 단어는 엄폐(掩蔽)나 엄호(掩護) 등의 의미로 쓰임새를 많이 보인다. 부자상은(父子相隱)이란 아버지와 자식이 서로 숨겨 주고 말하지 않는 은이불언(隱而不言)의 관계임을 일컫는다.

섭공(葉公)이 어느 날 공자에게 자랑하듯 말했다.

"우리 마을에 몸가짐이 바른 자가 있으니, 그 아버지가 양을 훔치자 아들이 그것을 고발했습니다.(吾黨有直躬者, 其父攘羊, 而子證之.)"(『논어』「자로」)

'직궁(直躬)'이란 몸가짐을 바르게 하다는 의미이자 동시에 사람 이름이다. 섭공의 질문에 공자는 고개를 절레절레 저으며, 아버지는 아들을 위해 숨겨 주고 아들은 아버지를 위해 숨겨 주는 "부위자은, 자위부은(父爲子隱, 子爲父隱)" 속에 오히려 정직이 있으니 이것이 마을의 도리라고 말했다. 그는 인륜이 땅에 떨어진 당대의 상황 속에서 가족의 정을 최고의 가치로 삼았던 것이다. 공자가 볼 때 앞의 것은 '자(慈)'이고 뒤의 것은 '효(孝)'다.

『장자』「도척」편에는 "직궁이 아버지를 고발하고 미생이 물에 빠져 죽은 것은 믿음의 우환이다.(直躬證父, 尾生溺死, 信之患也.)"라고 했다. 반면 『여씨춘추』「당무(當務)」편에서는 "직궁의 믿음은 믿음이 없는 것만 못하다.(直躬之信, 不若無信.)"라고 하면서 공자의 견해를 지지했다. 공자의 입장은 시간이 지날수록 많은 지지를 얻었다. 『구당서』「서언백전(徐彦伯傳)」에서는 "말할 수 있으나 말하지 않는 것이 바로 은이다.(可言而不言者曰隱.)"라고 하여 공자의 뜻을 적극적으로 새겼다. 나아가 주희는 공자의 '은'을 천리(天理)와 인정(人情)의 지극함이라고 풀이했다. 한편 공자의 이 말은 적지 않은 우려를 사기도 했는데, 공사(公私)를 구분하지 못하는 인정주의(人情主義)에 함몰될 위험성이 있기 때문이다.

동당벌이(同黨伐異)란 말이 있듯이 잘못을 서로 은폐해 주는 심각한 온정주의도 문제지만, 고소와 고발이 난무하는 비정적(非情的) 인간관계 또한 사회의 심각한 문제가 아닐 수 없다.

102

말이란 새어 나가면 실패한다

語以泄敗 │ 어이설패

『한비자』

어이설패(語以泄敗)는 모든 것을 쥐도 새도 모르게 은밀하게 진행해야 결과가 보장된다는 한비의 말로 『한비자』 「세난」 편에 나온다.

"일이란 은밀하게 성공하고 말이란 새어 나가면 실패한다. 꼭 자신이 누설한 것은 아니지만, 말하다가 숨겨진 일을 건드린다. 이렇게 되면 신변이 위험해진다.(夫事以密成, 語以泄敗. 未必其身泄之也, 而語及所匿之事, 如此者身危.)"

한비는 이 편에서 말을 가려 할 것을 강조하고 있다. 춘추 전국 시대처럼 서로 먹고 먹히는 격동의 시대에 세 치 혀는 목숨을 살리기도 하고 죽이기도 했다. 춘추 시대 진(秦)나라의 대부 요조(繞朝)라는 사람의 처신에 관한 이야기가 있다. 진(晉)나라의 대부 사회(士會)가 진(秦)나라로 달아났는데, 진(晉)나라에서는 진(秦)나라가 그를 벼슬아치로 등용할 것을 두려워하여 위수여(魏壽餘)를 파견해 계략을 써서 사회를 데려오고자 했다. 그런데 요조가 이런 진(晉)나라의 계획을 미리 알고 진(秦)나라 강공(康公)에게 권유했다.

“위수여가 이번에 오는 것은 사실 사회를 속이기 위해서입니다. 당신께서 따로 그를 만나십시오.”

그러나 강공은 듣지 않았다. 위수여가 진(秦)나라에 도착하여 사회와 함께 진(晉)나라로 가서 위(魏) 땅의 일을 결정짓게 해 달라고 요청하자, 강공은 이를 허락하고 말았다. 위수여가 출발하기 전에 요조는 그에게 이렇게 말했다.

“당신은 우리 진(秦)나라에 진(晉)나라의 의도를 아는 사람이 없다고 생각하지 마시오. 단지 나의 의견이 받아들여지지 않았을 뿐이오.”

이에 위협을 느낀 위수여는 돌아온 뒤 첩자를 보내 요조를 모함했고, 강공은 그 모함을 사실로 여겨 요조를 죽이고 말았다.

만일 요조가 속내를 감추고 은밀히 행동했다면 이토록 허망하게 목숨을 버리는 일은 없었을 것이다. 세상에는 이토록 무서운 일들이 비일비재하니, 냉정히 행동하는 것 못지않게 말 또한 조심해야 하는 것이다. 그렇다면 이런 화를 면하기 위한 방법은 무엇일까. 한비가 제시하는 해법은 이렇다.

“오랜 시일이 지나 두루 (군주의 총애가) 깊어져야만 심오한 계책을 올려도 의심받지 않고 군주와 서로 다투며 말하여도 벌을 받지 않을 것이다.”
(『사기』 「노자·한비 열전」)

103

남쪽에서는 귤, 북쪽에서는 탱자

南橘北枳 | 남귤북지

『안자춘추』

남귤북지(南橘北枳)는 수질과 풍토에 따라 귤의 맛이 달라진다는 말로 인간은 주위 환경에 따라 변한다는 뜻이다. 귤화위지(橘化爲枳)라고도 널리 알려져 있다.

춘추 시대 제나라의 명재상 안영이 초나라에 사신으로 가게 되었다. 초나라 영왕은 이 소식을 듣고 곁에 있는 자들에게 물었다.

"안영은 제나라의 뛰어난 인재인데, 지금 그가 오고 있소. 내가 그를 모욕하려고 하는데 어떤 방법이 좋겠소?"

곁에 있던 이가 안영이 오면 제나라 출신인 죄인 한 명을 포박하여 데려오겠다고 했다. 얼마 뒤 안영이 도착했다. 영왕은 안영에게 주연을 베풀어 주었다. 주연이 한창 무르익었을 때, 관리 두 명이 한 사람을 포박하여 왕 앞으로 끌고 왔다. 영왕이 "포박당한 자는 무엇을 한 사람인가?"라고 묻자 "제나라 사람인데 도적질을 했습니다."라는 답이 돌아왔다.

왕이 안영을 보고 말했다.

"제나라 사람은 정말로 도적질을 잘하는군요."

그러자 안자가 비유를 들어 말했다.

"귤이 회남(淮南)에서 나면 귤이 되지만, 회북(淮北)에서 나면 탱자가 된다고 합니다.(橘生淮南, 則爲橘, 生於淮北, 則爲枳.)"(『안자춘추』「내잡 하(內雜下)」)

그러고는 두 지방의 귤이 잎은 서로 비슷하지만 맛은 다른 이유가 바로 물과 땅, 즉 기후와 풍토의 차이 때문이라고 설명했다. 제나라에서는 이런 일이 없었는데 초나라에 오면서 나빠진 것이라고 응수한 것이다. 이에 당황한 초왕이 웃으며 말했다.

"성인은 농담을 하지 않소. 과인이 오히려 부끄럽소."

제나라 출신 죄수를 안영에게 보여 줌으로써 안자를 눌러 보려던 영왕의 꼼수는 끝내 웃음거리가 되었다. 마중지봉(麻中之蓬)이란 말은 삼밭에서는 쑥도 마처럼 곧게 자란다는 뜻이다. 식물이 주변 환경에 의해 성질이 바뀌듯 사람 또한 주위 사람들에 따라 귤도 되고 탱자도 될 수 있는 것이다.

104

군대를 어지럽혀 승리를 이끌어 내다

亂軍引勝 | 난군인승

『손자병법』

난군인승(亂軍引勝)은 적군이 아군의 군대를 어지럽게 하여 승리를 거머쥔다는 말이다. 『손자병법』 「모공」 편에 나오는 말로, 특히 장수와 군주 사이의 역할 분담이 잘 이루어지지 않을 때 이런 상황이 초래된다고 한다.

손자에 의하면 군주가 관여해서는 안 되는 세 가지 장수의 일이 있으니 첫째는 "군대가 진격할 수 없는 상황임에도 진군하라는 명을 내리거나, 군대가 물러나서는 안 되는 상황임에도 물러나라는 명을 내리는" 경우이며, 둘째는 "삼군의 사정을 알지 못하면서 삼군의 군정에 참여하여 군사들이 미혹되는" 경우이고, 셋째는 "삼군의 권한을 알지 못하면서 삼군의 직책을 맡으려고 하여 군사들이 회의를 품게 되는" 경우이다.

손자의 말에서 핵심은 군주와 장수 그리고 삼군 사이에 존재하는 '혹(惑)'과 '의(疑)', 즉 신뢰의 문제다. 전쟁에서 군주와 장수 간에 생기는 불신은 단순한 문제가 아니다. 특히 군대의 진퇴 여부와 같은 현장의 정황에 군주가 관여한다는 것은 그 자체로 어불성설이다. 군주는 군대의 내부 문제에도 함부로 간섭하지 말아야 지휘 계통에 혼란이 생기지 않는다.

옛날의 훌륭한 군주는 장수를 싸움터로 보낼 때 꿇어앉아 수레바퀴를 밀어 주면서 이렇게 말했다.

"궁궐 안의 일은 내가 처리할 테니, 궁궐 밖의 일은 장군이 처리하시오.(閫以內者, 寡人制之; 閫以外者, 將軍制之.)"(『사기』「장석지·풍당 열전(張釋之馮唐列傳)」)

또한 군공과 포상은 모두 궁궐 밖에서 결정하고 돌아와서는 보고만 하도록 했다.

자중지란(自中之亂)이란 말이 있다. 상대는 꼼짝도 하지 않았는데 제 편끼리 다투어 망하는 사례는 적지 않다. 어떤 조직이든 리더가 어설픈 지식으로 주제넘게 관여하면 조직이 파국에 이를 수도 있음을 명심해야 한다.

105

조짐이 없으면 도모하기가 쉽다

未兆易謀│미조이모

『한비자』

미조이모(未兆易謀)는 미세한 조짐도 간과하지 말라는 말로 방미두점(防微杜漸)과 같은 의미다.

"국면이 안정되면 유지하기 쉽고, 조짐이 없으면 도모하기가 쉽다. 물건이 무르면 부서지기 쉽고, 미미하면 흩어지기 쉽다.(其安易持也, 其未兆易謀也. 其脆易判, 其微易散.)"(『한비자』「유로」)

길이가 1000길에 이르는 제방도 조그만 개미구멍으로 인해 무너지며, 높이 100척의 큰 집도 굴뚝으로 새어 나오는 불티로 인해 재가 된다. 그래서 전국 시대 초 위(魏)나라 재상 백규(白圭)는 제방을 순시할 때 작은 구멍을 발견하면 곧 막았으며, 노인이 불조심을 할 때는 반드시 틈새를 흙으로 발랐다. 그렇게 함으로써 백규가 조사하면 수해가 없었고 노인이 일을 하면 화재가 없으니 제궤의공(堤潰蟻孔) 또는 제궤의혈(堤潰蟻穴)이라는 말이 여기에서 나온 것이다. 한비는 이런 예를 들었다.

"예전에 진(晉)나라 공자 중이(重耳)가 나라를 떠나 망명할 때 정나라를 지나게 됐다. 이때 정나라 왕이 중이에게 예의를 갖추어 대접하지 않았다. 숙첨(叔瞻)이 간언했다. '이 사람은 현명한 공자입니다. 왕께서는 그를 후하게 예우해 덕을 쌓아 둘 만합니다.' 정나라 왕은 그의 말을 듣지 않았다. 숙첨이 또 간언했다. '그를 후하게 예우하지 않으시려거든 죽여서 후환이 없도록 하는 것이 좋습니다.' 정나라 왕은 또 듣지 않았다. 중이는 진나라로 돌아가게 되었고, 이후에 병사를 일으켜 정나라를 크게 격파하고 여덟 성을 차지했다."(「유로」)

제아무리 작은 일이라도 방심하지 말고 화근의 싹을 미연에 방지해야 한다. 우리 속담에는 "호미로 막을 것을 가래로 막는다."라는 말이 있다. 어리석은 자는 일의 실체가 드러나도 알아차리지 못한다. 어떤 일이든 그 실체가 드러나기 전에 파악하여 대책을 강구하면 쉽게 해결되는데도 말이다. 수세적으로 대처하기보다는 능동적으로 대비하는 것이 바로 지혜다.

집을 잊고 친척을 잊으며 자신을 잊는다

忘家忘親忘身 | 망가망친망신

『사기』

공사를 분명히 구분하는 공직자의 자세를 뜻하는 망가망친망신(忘家忘親忘身)은 사마양저(司馬穰苴)가 장고(莊賈)라는 자를 나무라며 한 말이다.

"장수는 명령을 받은 날부터 집을 잊고, 군대에 이르러 군령이 확정되면 친척을 잊으며, 북을 치며 급히 나아가 지원할 때에는 자신을 잊어야 합니다.(將受命之日則忘其家, 臨軍約束則忘其親, 援抱鼓之急則忘其身.)"(『사기』「사마양저 열전」)

양저라고도 불리는 사마양저는 춘추 시대 제나라의 장수로 안영의 추천을 받아 장군이 된 자다. 양저는 전완(田完)의 후손이지만 서출이라 비주류의 처지였는데, 무예에 뛰어났고 글도 잘 썼기에 경공의 마음에 들었던 것이다. 양저는 하루아침에 장수가 된 자신의 명을 누구도 듣지 않을 것임을 알고 있었기에 경공을 찾아가 이렇게 건의했다. 자신은 이렇다 할 기반이 없으니 백성의 존경을 받으면서도 경공이 총애하는 자를 감군(監軍) 자리에 내세우면 자신이 곁에서 잘 보필하겠노라는 것이었다. 그러자 경공은 일찍이 마음에 두었던 장고를 추천했다.

양저는 장고와 다음 날 정오에 군문(軍門)에서 만나기로 했다. 이튿날 양저는 먼저 군영으로 가서 해시계를 세워 놓고 장고를 기다렸으나 안하무인의 장고는 양저가 이미 가 있으니 자신은 서두를 것 없다고 생각하고 자신을 전송하려 나온 친척, 친구 들과 어울렸다. 정오가 지났는데도 장고가 오지 않자 양저는 해시계를 엎어 버린 뒤 군영에 들어가 군령을 선포하고 장고를 기다렸다.

저녁때가 되어서야 장고는 거들먹거리며 나타났다. 양저가 늦은 이유를 추궁하자 장고는 송별연 때문에 늦었다고 둘러대는 것이었다. 양저는 공직자의 바른 자세를 말하고는 군 법무관에게 군법대로 처리하라고 하니 법무관이 장고의 목을 베어야 한다고 했다. 그제야 장고는 상황의 심각성을 실감하고 급히 사람을 시켜 경공에게 사면을 요청했지만 경공의 사자가 도착하기 전에 처형되어 목이 군영에 내걸렸다. 병사들은 전율했고, 경공 또한 그랬다.

107

고가 고답지 않으니, 고이겠는가 고이겠는가

觚不觚, 觚哉觚哉 | 고불고, 고재고재

『논어』

고불고, 고재고재(觚不觚, 觚哉觚哉)는 『논어』 「옹야」 편에 나오는 말로 명실불부(名實不符), 즉 명분과 실제가 부합되지 않는다는 의미다.

'고(觚)'는 술을 마실 때 쓰는 그릇의 일종으로 중간을 허리띠로 묶듯 가늘게 조이고 위아래에 나팔 모양의 주둥이를 단 그릇이다. 주희는 『논어집주(論語集注)』에서 '고' 자의 의미를 '모서리 릉(棱)' 자와 같은 의미로 해석하고, 혹자의 설에 따라 술그릇(酒器)이란 의미 외에 목간(木簡)의 의미도 있다고 보았다. 그러고는 '고재'의 의미를 "불득위고(不得爲觚)", 즉 "고가 되지 못한 것"으로 풀이했다. '고'는 원래 방형(方形), 각형(角形)인데 모양이 변하였으니 어찌 고라고 할 수 있겠는가라는 의미다. 이는 용도에 맞지 않게 사용한 '고'는 결코 '고'가 될 수 없다는 말로 정치도 마찬가지로 예의와 인의 없이는 이루어질 수 없음을 비판한 것이다. 하안(何晏)이 『논어집해(論語集解)』에서 "정치를 그 도(道)로써 하지 않으면 안 되는 것"이라고 풀이한 것과 같은 맥락이다.

한편 '고'의 의미를 '팔다'라는 의미인 '고(沽)'의 가차자(假借字)로 보는 학자도 있는데, 리링(李零) 교수는 이 구절이 무슨 의미인지 도무지 알 수 없다고 푸념하고는 '고재고재'의 의미를 "팔아야지! 팔아야지!"라고 해석했다. 공자가 자신을 적당한 가격에 팔고 싶다고 자조적으로 한 말로 해석해야 한다는 주장이나, 이는 원전의 의미를 너무 벗어난 해석이라고 본다.

공자의 이 말은 결국 그의 정명론(正名論)과 맥락이 맞닿아 있다. 공자는 "임금은 임금답고, 신하는 신하다워야(君君臣臣)" 한다고 했다. 모든 사람이나 사물이 명분에 맞게 움직이면 제자리를 찾게 될 것이라고 한 것이다.

108

일찌감치 간사한 싹을 끊어 버리다

蚤絶姦萌 | 조절간맹

『한비자』

조절간맹(蚤絶姦萌)은 화근의 조짐이 되는 것은 싹부터 잘라야 한다는 말로 『한비자』 「외저설 우상」 편에 나오는 말이다.

"권세를 잘 유지하는 자는 그 간사한 싹을 일찌감치 잘라 버린다.(善持勢 者蚤絶其姦萌.)"

군주의 주위에는 간신들과 특히 애첩들의 농간이 난무한다. 궁정의 비주 류에 속하는 첩실들은 정실과 끊임없이 주도권 다툼을 벌이며, 어떤 방법 으로든 군주의 뜻에 영합함으로써 신임과 총애를 얻어 승계의 질서를 농락 하려는 위험천만한 자들이다. 군주가 총애하는 애첩이 있으면 간신들도 그 를 추종하면서 자신들의 사리사욕을 채우며, 그들이 결국 한통속이 되어 군주나 주변 인물의 목숨을 위태롭게 하는 경우도 드물지 않다. 한비가 「간 겁시신(姦劫弑臣)」이란 편에서 든 비유를 보자.

초나라 장왕(莊王)의 동생 춘신군(春申君)에게는 여(余)라는 애첩이 있었고, 춘신군의 정실 소생으로 갑(甲)이라는 아들이 있었다. 애첩 여는 춘신군이 정실부인을 버리게 하려고 스스로 몸에 낸 상처를 그에게 보이면서 눈물을 흘리며 말했다.

"당신을 섬길 수 있게 된 것은 소첩으로서는 매우 큰 행운입니다. 그렇지만 정실부인의 뜻을 따르고자 하면 당신을 섬길 수 없고, 당신의 뜻을 따르면 정실부인을 거스르게 됩니다. 소첩이 어리석은 까닭에 두 주인을 섬기기에는 힘이 부족한 듯합니다. 두 분을 모두 섬길 수는 없는 상황이라 부인에게 죽임을 당하느니 당신 앞에서 죽는 것만 못합니다. 만일 당신 곁에 총애받는 여인이 다시 있게 된다면, 바라옵건대 당신은 이 일을 잘 살피시어 사람들에게 비웃음을 당하는 일이 없도록 하십시오."

춘신군은 여가 꾸며 낸 말만을 믿고 정실부인을 버렸다. 이뿐만이 아니라, 애첩 여는 자기 아들이 대를 잇게 하려고 춘신군에게 음해하여 갑을 죽이게 했다.

한비의 논지는 이 모든 것이 군주의 책임이지 결코 간사한 계략을 꾸미는 애첩이나 간신 들만의 문제가 아니라는 것이다.

109

최상의 덕은 덕이라 하지 않는다

上德不德 | 상덕부덕

『노자』

덕이 있는 사람은 자신의 덕을 과시하지 않음으로써 오히려 덕이 있게 된다는 의미인 상덕부덕(上德不德)은 『노자』 38장, 「덕경(德經)」 첫 장의 첫머리에 나온 말이다.

"최상의 덕은 덕이라고 하지 않으니 이 때문에 덕이 있고, 하급의 덕은 덕을 잃으려 하지 않으니 이 때문에 덕이 없다. 최상의 덕은 (아무것도) 하지 않으면서 (무엇을) 위하여 하는 것도 없다. …… 그래서 대장부는 그 중후함(상덕)에 처신하며 그 경박함(하덕)에 머물지 않는다. 그 열매에 처신하며 꾸밈에 머물지 않는다. 그러므로 저것을 버리고 이것을 취하는 것이다.(上德不德, 是以有德, 下德不失德, 是以無德. 上德無爲而無以爲. …… 是以大丈夫處其厚, 不居其薄, 處其實, 不居其華, 故去彼取此.)"

여기서 '대장부'란 지혜가 크고 총명한 사람을 가리킨다. 마지막에 '거피취자(去彼取此)'란 한비의 주석처럼 "외형상의 예절과 섣부른 판단을 버리고 도리에 따르고 진실한 감정을 실행하는 것”(『한비자』 「해로(解老)」)이라는 의미다.

노자가 말하는 가장 훌륭한 덕인 ‘상덕’은 도(道)를 체화한 것으로 ‘하덕’, 즉 ‘인(仁)’, ‘의(義)’, ‘예(禮)’와 대비된다. 말하자면 최상의 덕은 무위(無爲)의 차원으로 자연에 들어맞고 강제성이 없다. ‘인’은 공자가 가장 중시하는 도덕 개념인데, 도덕은 분명 자연에 합치된 것이지 인위적인 것이 아니므로 제아무리 ‘최상의 인’을 말한다 해도 여전히 하덕에 속할 뿐이라고 노자는 주장한다. ‘예’ 또한 공자에 따르면 끊임없는 실천 과정을 통해 인간의 인성을 회복하는 것인데 노자는 그러한 시도 자체를 부정적으로 바라본다. 세속의 시각에 의해 설정된 대립항 안에 인간의 사유를 가둬 놓으려는 유가적 사물 이해 방식에 반대하는 노자의 관점은 여기서도 분명하게 드러난다.

『한비자』 「해로」 편에서는 ‘상덕부덕’을 정치적으로 해석했다. 상덕을 갖춘 군주는 작위로 통치하기보다는 무위의 이치를 터득한 자로서 덕이 있다고 애써 나서지 않으며 자연에 순응할 따름이라는 것이다. 덕이란 내면적인 것이고 스스로 얻어지는 것이며 무위로써 모여진 것이고 무욕(無欲)의 상태에서 만들어진 것이다. 이는 군주란 나라를 순리대로 조용히 다스려야지 요란스럽게 다스리는 것은 결코 바람직하지 않다는 논리로 이어진다. 앞에 나서서 설치는 군주야말로 하등의 군주밖에 될 수 없다는 말이다. 군주가 고유의 덕을 잃지 않고, 새롭고 조화로운 기운을 이룰 수 있도록 부단히 덕을 쌓는 것이 중요하다. 즉 한비는 무위의 다스림(無治)을 최상의 덕으로 보고, 군주가 상덕의 경지에 이르렀다면 술(術)로서 통치하는 데 어려움이 없을 것임을 역설한다.

110

귀를 씻다

洗耳 | 세이

『고사전』

세속에 물들지 않고 고결한 삶을 살아가려는 의지를 비유하는 세이(洗耳)는 기산세이(箕山洗耳), 영수세이(潁水洗耳)라고도 한다. 진(晉)나라 때 황보밀(黃甫謐)이 청고한 선비들의 언행과 일화를 모아 지은 『고사전(高土傳)』이라는 책의 「허유(許由)」편에 나오는 말이다.

허유의 자는 무중(武仲)이고 양성(陽城) 괴리(槐里) 사람으로 사리가 분명하여 한 치의 흐트러짐을 보이지 않는 선비였다. 그의 성품을 높이 평가한 요임금은 자신의 자리를 물려줄 만하다고 생각하여 그 뜻을 전했으나 허유는 거절하고 거처까지 옮겨 버렸다. 이에 요임금은 허유가 은거하고 있는 기산에 다시 사신을 보냈다. 허유는 요임금이 자신을 구주(九州)의 수장으로 삼으려 한다는 사자의 말을 듣자, "들으려 하지 않고 영수 가에서 귀를 씻었다.(不欲聞之, 洗耳於潁水濱.)"

그때 친구 소부(巢父)가 송아지를 끌고 와 물을 먹이려다 허유가 귀 씻는 것을 보고 그 까닭을 물었다. 허유가 "요임금이 나를 불러 구주의 수장으로 삼으려 하기에 그 소리가 듣기 싫은 고로 귀를 씻고 있었네."라고 답하자, 소부는 한술 더 떠 시큰둥한 표정으로 이렇게 말했다.

"자네가 만일 높은 언덕과 깊은 계곡에만 거처한다면 사람 다니는 길이 통하지 않을 테니 누가 자네를 볼 수 있었겠는가? 자네가 일부러 떠돌며 그 명예를 듣기를 구한 것이니, 내 송아지의 입을 더럽히겠구려."

그러고는 송아지를 끌고 상류로 올라가 물을 먹였다. 소부도 그 길로 기산으로 들어가 나무 위에 집을 짓고 살았다고 한다.

최고 권력을 단칼에 거절할 수 있는 이는 세상에 흔치 않다. 귀를 씻은 허유나, 은자인 것조차 알리지 말아야 한다며 귀 씻은 물마저 더럽다는 소부의 절개와 지조는 오늘날에도 시사하는 바가 크다. 세상에 최고 권력을 마다할 사람이 몇이나 되겠는가. 그러나 이들은 직분을 지키고 자신의 자리에 맞게 처신하여 더욱 이름을 드높였다.

111

정치를 하는 것은 머리를 감는 것과 같다

爲政猶沐 | 위정유목

『한비자』

위정유목(爲政猶沐)은 작은 손실에 연연해하다가 큰 이익을 허물게 된다는 의미로서 『한비자』 「육반(六反)」 편에 나온다.

"정치를 하는 것은 머리를 감는 것과 같아서 머리카락을 버리게 되더라도 반드시 머리를 감아야 한다.(爲政猶沐也, 雖有棄髮, 必爲之.)"

'육반'이란 여섯 가지 상반되는 일이라는 뜻인데, 사람들은 자기의 이익에 따라 서로 다른 입장에 서게 된다는 것이다. 「육반」 편에서 한비는 말한다.

"죽음을 두려워하며 곤란을 피하는 것은 적에게 항복하거나 도망가는 백성인데도 세상 사람들은 이들을 존경하며 생명을 아끼는 인물이라 하고, 옛 성현의 도를 배워서 자기의 주의를 확립한 자는 법령을 무시하는 인물인데도 세상 사람들은 이들을 존경하며 학문이 있는 인물이라고 한다.……도둑의 목숨을 살려 주고 간악함을 숨기는 자는 사형에 처해야 마땅할 것인데도 사람들은 이들을 존경하며 의협심이 있고 명예를 소중하게 여기는 인물이라고 한다."

한비가 이러한 유형의 사람들을 예시한 이유는 바로 군주의 판단력이란 세간의 평가에 좌우되는 경우가 적지 않으며, 심지어 사악한 일을 자행하여 벌을 받아야 하는데도 오히려 상을 받는 경우도 적지 않다는 것이다.

머리를 감을 때 머리카락이 빠지는 것은 작은 손실에 해당된다. 그렇다고 해서 감지 않을 수는 없다. 군주는 전후 사정을 잘 헤아려 균형의 정치를 행해야 하는 자리에 있음에도, 군주의 눈과 귀를 가리려는 주변의 모략과 음모나 책략은 도처에서 무시로 시도된다. 세상에 아첨 싫어하는 리더가 있는가. 감언이설에 속아 패망의 길을 걷고 스스로 무덤을 파는 군주들은 늘 있었다.

굳이 한비의 지적을 살피지 않더라도 인간은 저마다 사리사욕을 내세우기 마련이다. 그러니 때로는 작은 손실을 감수하더라도 큰 이익을 위해서는 대승적 결단을 내리는 리더의 균형 감각이 절대적으로 필요하다. 당장은 머리를 감으면 빠지는 머리카락이 생기겠지만 그만큼 새로 자라는 머리카락도 생기는 법 아니겠는가.

112

백성이 믿어 주지 않으면 존립할 수 없다

民無信不立 | 민무신불립

『논어』

민무신불립(民無信不立)은 정치는 백성의 신뢰와 지지를 얻어야 존재한다는 의미다. 정치가요 외교가로서 명성을 떨친 자공이 어느 날 공자에게 정치의 기본에 대해 묻자 한 말이다. 공자는 정치의 핵심 요소로 "식량을 충족시키는 것, 병기를 충분하게 하는 것, 백성들이 (군주를) 믿게 하는 것(足食足兵, 民信之矣.)"(『논어』「안연」)을 꼽았다. 자공이 이 세 가지 중에서 우선 무엇을 포기해야 하느냐고 묻자 공자는 주저 없이 병기라고 했다. 다시 공자에게 남아 있는 것 중에서 또 무엇을 버리면 되느냐고 하자 식량이라고 했다. 그러고는 결코 버려서는 안 될 것으로 백성들의 신뢰를 꼽은 것이다.

공자의 사상에서 '신(信)'의 의미는 매우 중요하다. 자장(子張)이 인(仁)의 내용을 물었을 때 공자는 공손함(恭), 너그러움(寬), 믿음(信), 영민함(敏), 은혜(惠) 등 다섯 가지 항목을 거론하면서 그 중심에 '신'을 두었다. 또한 공자는 "충심과 믿음을 주로 해야(主忠信)"(「안연」) 하고, "말에는 반드시 믿음이 있어야(言必信)"(「자로」) 한다고 하면서 군자의 네 가지 덕목으로 의(義), 예(禮), 손(孫, 겸손), 신(信)을 강조했다.

공자가 천하의 제후국들을 주유하면서 가장 절실하게 깨달았던 것은 군사력과 식량 등 안보와 경제 등의 요소보다 오히려 보이지 않는 민초들의 신뢰가 절대적으로 중요하다는 사실이었다. 그러나 군주들 중에서 그 누구도 이 점을 제대로 알지 못했다. 청 대 장병린(章炳麟)이 「혁명도덕설(革命道德說)」이란 글에서 "믿음을 백성의 보배로 삼아야(以信爲民寶)" 제대로 된 정치가 가능하다고 했던 것도 바로 공자의 '무신불립'과 같은 맥락이다.

국가가 올바른 비전을 제시하고 국민의 신뢰를 얻는다면 그보다 탄탄한 기반이 어디 있겠는가. 위기는 밖에서 오는 것이 아니라 내부의 붕괴에서 시작되는 것임을 잊지 말자.

113

문장은 나라를 다스리는 위대한 사업

文章經國之大業 | 문장경국지대업

『전론』

문장경국지대업(文章經國之大業)은 위나라의 초석을 다진 조조의 맏아들 조비(曹丕)가 『전론(典論)』의 「논문(論文)」 편에서 제왕학의 기본은 인문 정신 함양에 있다는 의미로 한 말이다. 이 말은 '불후지성사(不朽之盛事, 썩지 않는 성대한 일)'과 대구를 이룬다. 여기서 말하는 문장이란 문학, 역사, 철학 등 다방면에 걸친 글을 두루 가리킨다.

수성의 제왕으로 꼽히는 조비는 33세에 제위에 올라 한나라 조정의 역법을 계승하면서 점진적인 개혁을 추구한 위나라의 초대 황제다. 진수의 『삼국지』 「문제기(文帝紀)」에 의하면, '비(丕)'는 휘이고, 자가 자환(子桓)이다. 조조가 집안의 주위의 반대를 무릅쓰고 맞이한 가기(歌妓) 출신인 무선변 황후(武宣卞皇后)의 맏아들이다. 문무를 겸비한 재인으로 어려서부터 뛰어난 독서력으로 경전을 두루 읽어 이미 여덟 살 때 글을 지었고 활쏘기나 말타기, 검술에도 출중했다. 그러나 스물다섯이나 되는 조조의 자식들 중에서 맏아들이라는 유리한 위치에 있으면서도 막내인 조식(曹植)에게 밀려 울분을 삭이고 있었다. 그런 그를 다독거린 이가 바로 관도대전의 일등 공신 가후였다. 가후는 조비를 위안하며 말했다.

"바라건대 장군께서는 인덕과 관용을 발휘하고 숭상하며, 평범한 선비의 업을 행하고, 아침부터 저녁까지 바쁘게 하며, 아들의 도리를 그르치지 않으면 됩니다."(『삼국지』「가후전」)

마침내 제위에 오른 조비는 인재 중심의 인사 정책을 펼치고 성현 공자를 추존했으며 이민족들도 다수 포용하는 등 문치 위주의 정치를 해 나갔다. 만년에는 자신이 죽으면 안장하지 말고 척박한 땅에 묻되, 어떤 부장품도 넣지 말라는 유언을 남기기도 했다. 또한 시가(詩歌) 100여 편을 남길 정도로 인문학적 소양이 풍부했던 그는 조조, 조식과 더불어 삼조(三曹)라고 거론되며, 중국 최초의 문인 집단이라 할 수 있는 건안(建安) 문단을 이끈 문화인이었다.

칼로 크게 일어선 나라도 결국 문화를 다져야 유지되는 법이다. 책을 불사르고 유생들을 파묻은 분서갱유를 저지른 진나라는 불과 14년도 채 못 되어 멸망했으나, 무식한 건달 출신으로 일어선 한나라 고조 유방은 말 위에서 천하를 다스리는 무치가 아닌 내실을 기하는 문치를 택하여 400년의 기틀을 다지지 않았던가. 문장이 국가 경영의 근본이라는 조비의 말은 여전히 새겨들을 만하다.

114

법 세 조목을 약조한다

約法三章 | 약법삼장

『사기』

나라를 다스리는 법은 세 조목이면 된다는 약법삼장(約法三章)이라는 말은 규정은 간단명료하고 단순할수록 힘을 발휘한다는 의미다. 간단히 법삼장이라고도 한다.

기원전 206년 유방은 진나라 군대를 쳐부수고 패왕(覇王)이 되었다. 유방은 진나라의 수도 함양에 입성하여 궁궐로 들어갔다. 그 궁궐은 호화스럽기 그지없어 재물은 산더미같이 쌓여 있고 후궁들도 수천이었다. 유방은 그곳에 계속 머물고 싶었다. 유방의 이런 마음을 눈치챈 장수 번쾌는 궁궐에서 머물기보다는 야영을 하라고 건의하면서 재물과 후궁이야말로 진나라 멸망의 근본 원인이라고 말했다. 유방이 난색을 표하자 모사 장량이 간언했다.

"지금 왕께서 이곳에 올 수 있었던 것은 진나라가 무도했기 때문입니다. 진나라에 들어와서 진나라와 똑같은 즐거움을 즐긴다면 진나라의 전철을 밟는 것입니다."

이 말을 들은 유방은 함양에서 몇십 리 떨어진 패상(霸上)으로 돌아가 야영했다. 패상에서 유방은 각 고을의 대표와 호걸들을 불러모아 진나라의 가혹한 법에 시달린 백성들을 위로하면서, 가혹한 진나라의 법을 비방했다가 온 집안이 몰살당한 이야기를 예로 들고, 그 이야기를 화제로 삼았다는 이유만으로 또 다시 죽음을 당한 사람의 이야기도 덧붙였다. 그러고는 말했다.

"부로(父老, 고을의 어른)들과 상의하여 약속하겠습니다. 법은 세 장만 둘 것이니, 살인한 자는 사형에 처하고, 사람에게 상해를 입힌 자 및 도적질한 자는 벌하겠습니다.(與父老約, 法三章耳; 殺人者死, 傷人及盜抵罪.)"(『사기』「고조 본기」)

또한 유방은 진나라에 있던 그 밖의 모든 가혹한 법을 폐기한다고 약속했다. 자신이 패상에 진을 치고 있는 이유도 이런 약속을 지키기 위한 것이라고 설명했다. 진나라 백성들은 유방에게 환호했다. 마침내 유방은 자신이 원하는 바를 다 이뤄 내고 한(漢) 제국의 기틀을 다지게 된다. 단순함이 복잡한 것을 이기는 법이다.

115

임금은 그가 하고자 하는 바를
드러내 보이지 않는다

君無見其所欲 | 군무견기소욕

『한비자』

군무견기소욕(君無見其所欲)은 군주는 함부로 호오(好惡), 즉 좋고 싫음의 감정을 나타내지 말라는 것이다. 구중궁궐에 살고 있는 군주는 신하로부터 관찰당하고 있으므로, 자신의 속내를 감추고 위장하여 신하로 하여금 쉽게 파악하게 하지 말라는 경고의 메시지가 담겨 있다. 그 이유를 한비는 이렇게 말한다.

"군주가 하고자 하는 바를 내보이면, 신하는 스스로를 꾸밀 것이다. 군주는 자신의 속뜻을 보이지 말아야 한다. 군주가 그 속뜻을 보이면, 신하는 스스로 (남과) 다른 의견을 표시하려고 할 것이다.(君見其所欲, 臣自將雕琢; 君無見其意, 君見其意, 臣將自表異.)"(『한비자』「주도(主道)」)

군주와 신하 사이를 이해관계로 파악한 한비가 이렇게 말한 이유는 신하란 군주가 원하는 것을 교묘히 찾아내어 그 뜻대로 하여 사리사욕을 채우려 하기 때문이다. 그러므로 군주는 자신의 감정을 억제하고 고뇌를 숨기며 때로는 자신의 감정과 상반되게 행동하는 음흉한 모습도 보여 주어야 한다. 이렇게 해야만 신하가 군주의 눈과 귀를 가리거나 재정을 장악하거나 군주의 허락 없이 명령을 내리거나 패거리를 모으거나 멋대로 선행을 베푸는 등의 위협 요인을 차단할 수 있으며 나아가 군주의 권력을 유지하고 나라를 보존할 수 있다고 한비는 믿었다.

이 문장은 "(군주가) 좋아하는 것을 버리고 싫어하는 것을 버리면 신하는 곧 본심을 드러낼 것이고, (군주가) 옛것을 버리고 지혜를 버리면 신하들은 곧 스스로 대비할 것이다.(去好去惡, 臣乃見素; 去舊去智, 臣乃自備.)"(「주도」)라는 문장과 함께 읽으면 더욱 와 닿는다.

군주라는 절대 권력자는 감정도 쉽게 드러내서는 안 되는 냉정한 자기 관리를 요구받는 자리다. 섣부른 감정 표현은 자칫 화를 부르게 된다는 점을 기억해야 한다.

116

마치 작은 생선을 삶는 것과 같다

若烹小鮮 | 약팽소선

『노자』

약팽소선(若烹小鮮)은 『노자』 60장의 "큰 나라를 다스리는 것은 마치 작은 생선을 삶는 것과 같다.(治大國者若烹小鮮.)"라는 말에서 나온 것이다. '팽(烹)'은 '삶을 자(煮)'와 같으며 '선(鮮)'은 '고기 어(魚)'와 같다. 여팽소선(如烹小鮮) 혹은 팽선(烹鮮)이라고도 한다. 작은 생선은 살이 약해 이리저리 뒤집으면 부서져 버리니, 함부로 내장을 제거하거나 비늘을 제거할 수도 없고 소심익익(小心翼翼)한 마음으로 불의 세기를 조절하면서 세심하게 살펴보며 익혀야 한다는 것이다.

이 말은 『한비자』 「해로」 편에서, 나라를 다스릴 때 자주 법령을 바꾸면(변법(變法)) 백성들만 힘들어질 뿐이라고 재해석된다. 말하자면 법령이 바뀌면 이로움과 해로움이 바뀌고, 이로움과 해로움이 바뀌면 백성들이 정작 힘써야 할 대상도 바뀐다는 것이다. 이는 큰 물건을 보관하면서 자주 자리를 옮기면 손상되는 부분이 많아지는 것과 같은 이치다.

한비는 구체적인 방법을 제시한다. "불을 끌 경우 벼슬아치에게 물을 담는 항아리를 끌어안고 불길 속으로 달려가게 한다면 한 사람을 부리는 것이지만 채찍을 휘둘러 백성들을 달려가게 한다면 만 사람을 제어할 수 있다. 이 때문에 성인은 백성을 직접 다스리지 않으며, 현명한 군주는 작은 일을 직접 처리하지 않는다."(『한비자』「외저설 우하」)

치도(治道)를 아는 군주는 허정(虛靜), 즉 텅 빈 고요함을 귀하게 여기면서 변법을 해 나가 백성들로 하여금 결코 혼란스럽게 하지 않으며, 다른 사람이 눈치채지 못하게 귀신같이 일을 처리한다. 나라를 다스리는 기본은 백성들의 마음을 살피는 것이다. 군주는 기본적인 제도를 갖추고 백성들 개개인으로 하여금 이익을 추구하게 하고 그것을 누리게 하면 되는 것이지, 불필요한 규제를 만들어 백성들을 괴롭히는 무소불위의 권력자가 되어서는 안 된다는 것이다.

117

널리 베풀어 많은 사람을 구제한다

博施濟衆 |박시제중

『논어』

박시제중(博施濟衆)은 널리 베풀어 많은 사람을 구제한다는 뜻이다. 자공이 공자에게 물었다.

"만약 백성들에게 널리 (은덕을) 베풀어 많은 사람들을 구제할 수 있다면 어떻습니까? (그를) 인(仁)하다고 할 수 있습니까?(如有博施於民而能濟衆, 何如? 可謂仁乎?)"

그러자 공자는 그것은 인일뿐 아니라 성인(聖人)의 덕치일 것이라고 답했다. 공자 시대엔 타고난 성인만이 백성을 널리 이롭게 할 수 있었다. 군주에게만 성인이 될 자격이 주어졌기 때문이다. 오늘날은 다르다. 타고난 혈통이 아니라 실력을 통해 만인지상의 자리에 오를 수 있다. 그렇다면 실력만 있다면 널리 백성을 이롭게 할 수 있는가? 그렇지 않다. 반드시 인(仁)과 충(忠)과 서(恕)가 있어야 한다.

인(仁)은 "자기가 서고자 하면 남을 일으켜 주고, 자신이 이루고자 하면 남을 이루게 해 주는 것(己欲立而立人, 己欲達而達人)"(『논어』 「옹야」)이다. 서(恕)는 "자기가 하고자 하지 않는 바를 다른 사람에게 베풀지 말아야(己所不欲, 勿施於人)"(『논어』 「안연」) 한다는 것이다. 서는 '여(如)'와 '심(心)'이 합쳐진 단어다. 서로 마음이 같다는 것인데, 다른 사람의 입장에서 배려한다는 것이다. 인(仁)은 인(人)과 인(人)이 기대고 있는 글자로 기본적으로 '사람을 사랑하는 것(愛人)'이다. 충은 마음을 중심에 둔다는 원리이다. 이는 진심이며 마음을 다하는 것이다. 인과 서는 거의 같은 개념이고, 충은 그것을 실행하는 마음 자세다.

위정자는 인서(仁恕)의 마음을 품고 백성에게 충(忠)해야 한다. 그래야 박시제중할 수 있다. 진(晉)나라 원굉(袁宏)의 『후한기(後漢紀)』 「환제기 하(桓帝紀下)」를 보면 "인을 행하는 자는 널리 베풀고 두루 사랑하며, 선을 숭상하고 만물을 구제한다."라고 되어 있다. 『구당서』 「대종기(代宗紀)」에도 "사람을 사랑하는 예(禮)는 널리 베푸는 것을 우선한다."라고 했다. 박시제중과 '애인이물(愛人利物)'은 이렇듯 서로 동격이다.

118

법은 귀한 자에게 아부하지 않는다

法不阿貴 | 법불아귀

『한비자』

『한비자』「유도」편에 나오는 말인 법불아귀(法不阿貴)는, 먹줄은 굽은 모양에 따라 사용하지 않는다는 뜻의 승불요곡(繩不撓曲)이란 말과 함께 쓰여 법의 형평성과 공정성을 강조한다. 한비의 시각은 이렇다.

"뛰어난 장인은 눈대중으로도 먹줄을 사용한 것처럼 맞출 수 있지만 반드시 먼저 곱자로 기준을 삼는다. 지혜가 탁월한 사람은 민첩하게 일을 처리해도 사리에 들어맞지만 반드시 선왕의 법도를 귀감으로 삼는다.(巧匠目意中繩, 然必先以規矩爲度; 上智捷擧中事, 必以先王之法爲比.)"

한비는 군주가 자신의 지식이나 힘에 자만하지 말고 법에 따라 다스릴 것을 강조한다. 수많은 군주들이 몰락한 원인은 법에 따르지 않고 자의적 판단에 따라 임의적인 잣대를 들이대 단죄하려고 했기 때문이라는 것이다. 그래서 말한다.

"법을 받드는 사람이 강하면 나라가 강해질 것이고 법을 받드는 자가 약하면 그 나라도 약해질 것이다.(奉法者强, 則國强, 奉法者弱, 則國弱.)"

강대국이 되느냐 약소국이 되느냐는 법에 대한 군주의 태도에 달려 있음을 밝힌 것이다.

군주가 신상필벌(信賞必罰)의 원칙에 따라 엄격한 법치를 행하면 군주의 권위가 공고해지고 그만큼 권세도 강화된다. 그러므로 현명한 군주라면 법에 따라 공정한 인사 지침에 의거하여 인재를 등용해야지, 주변 사람들의 평판에 근거해 임용해서는 안 된다고도 한비는 강조한다. 사람의 평판이란 저마다의 이해에 얽혀 있는 것이므로 객관성을 결코 담보할 수 없고, 잘못 기용한 사람은 결국 서로 담합하여 군주를 기만하고 나라를 좌지우지하기 때문이다.

시시각각 변하는 인간의 주관에 의존하지 말고 일관된 적용이 가능한 법도에 의해 모든 일을 판단하라는 한비의 지적은, 아직도 공정한 경쟁보다는 학연, 혈연, 지연이 상당한 영향력을 발휘하는 우리 사회의 조직 문화에 대한 경고의 메시지로 볼 수 있지 않은가.

망한 나라의 소리

亡國之音 | 망국지음

『예기』

나라를 멸망의 길로 내쫓는 노래로서 음란하고 사치스럽거나, 곡조가 슬픈 음악을 가리키는 음악을 말하는 망국지음(亡國之音)은 망국지성(亡國之聲)이라고도 한다. 본래 이 말은 『예기』「악기(樂記)」 편의 "망하려는 나라의 음악은 슬프고 생각에 잠겨 있으며 그 백성은 곤궁하다.(亡國之音, 哀以思, 其民困.)"에서 나온 것으로, 망국의 시기에는 노래도 시대적 울분을 담고 있다는 뜻이다. 『한비자』「십과(十過)」 편에도 나온다.

춘추 시대 위(衛)나라 영공(靈公)이 진(晉)나라로 가는 길에 복수(濮水) 가에서 하룻밤 묵게 되었다. 그런데 한밤중에 처음 듣는 새로운 곡조의 음악 소리가 들려왔다. 영공이 사람을 시켜 그 음악에 관해 알아보도록 했지만 아는 이가 없자, 왕실의 악사인 사연(師涓)을 불러 그 음악을 악보로 만들도록 했다. 사연은 이틀에 걸쳐 악보를 완성했다. 영공 일행이 진나라에 이르자, 진나라 평공(平公)은 이들을 위해 시이(施夷)의 누대에서 주연을 베풀었다. 모두 취기가 올랐을 때 영공이 새로운 악곡이 있는데 들려주겠다고 하고는 사연을 불러 진나라의 음악가 사광(師曠) 옆에 앉아 거문고를 뜯게 했다. 그 곡을 끝마치기도 전에 사광이 사연의 손을 잡고 연주를 막으며 말했다.

"이것은 사연(師延)이 만들어 은나라 최후의 천자인 주왕에게 바친 퇴폐적인 음악입니다. 무왕(武王)이 주왕을 정벌할 때에 사연은 동쪽으로 달아나 복수에 몸을 던져 자살했습니다. 그러므로 이 음악은 틀림없이 복수 근처에서 들었을 것입니다. 예전에 이 음악을 들은 자는 반드시 그 나라를 잃었으므로 이 곡을 끝까지 연주하게 해서는 안 됩니다."

그런데도 평공은 아랑곳하지 않고 끝까지 연주해 달라고 요청했다. 사연은 거문고를 끌어다가 이어 연주했다. 연주가 끝나자 평공은 이보다 더 슬픈 곡조의 노래를 듣고 싶다며 사광에게 요청했다. 사광은 어쩔 수 없이 청치(淸徵)의 곡을 연주했으며, 이어 청치보다 더 슬픈 곡인 청각(淸角)의 곡조마저 연주했다. 그러자 처음 연주할 때에는 검은 구름이 서북쪽으로부터 일어났고, 거듭 연주하자 큰바람이 불고 큰비가 쏟아져 휘장이 찢기고 그릇이 날려 깨지며 기와가 떨어져 박살나니 앉아 있던 사람들이 혼비백산하여 달아났고 평공도 궁정의 내실로 가서 숨었다. 그 뒤 진나라는 3년 동안 밭에서 작물이 나지 않았으며, 평공도 심한 질병에 걸려 나라를 다스릴 수 없었다.

120

아무것도 하는 일 없이 다스리다

無爲而治 | 무위이치

『논어』

무위이치(無爲而治)는 무치(無治) 혹은 무위지치(無爲之治)라고도 하며, 고요한 다스림이라는 뜻의 정치(靜治)와도 같은 말이다. 유가의 관점에서 무위이치란 현인(賢人)을 임용하여 덕(德)으로 백성들을 감화시켜 나라를 원만하게 다스리는 것이다. 공자는 『논어』「위령공」편에서 이렇게 말한다.

"아무것도 하지 않고도 다스린 이는 아마도 순임금이구나! 무엇을 했는가? 몸을 공손히 하고 바르게 임금의 자리를 지키고 있었을 뿐이다.(無爲而治者, 其舜也與! 夫何爲哉. 恭己正南面而已矣.)"

여기서 '공기(恭己)'란 제왕이 엄숙하고 공순하게 자신을 추스르는 것을 말한다. 공자의 이 말은 "옛날 순임금에게는 왼쪽에 우가 있고 오른쪽에는 고요가 있어 자리에서 내려오지 않아도 천하가 다스려졌다.(昔者舜左禹而右皐陶, 不下席而天下治.)"(『대대례』「주언(主言)」)라는 말과 함께 읽어 보면 그 의미가 쉽게 다가온다. 순자도 "천자는 자신을 공손히 하고 있을 뿐이다.(天子

共己而已矣.)(『순자』「왕패(王霸)」)라고 했으니 같은 맥락이다. '공(共)' 자는 '공(恭)' 자와 통한다.

한편 도가의 관점에서 무위이치는 자연에 순응하며 일체의 작위의 통치 행위를 하지 않는 것, 즉 "다스림이 없으면서도 다스려지지 않음이 없는(無治而無不治)" 경지를 말한다. 노자는 『노자』 57장에서 이런 시각을 드러낸다. 천하에 금령(禁令)이 많으면 많을수록 백성의 생활은 더욱 가난해진다. 백성들이 문명의 이기를 많이 가지면 가질수록 국가는 도리어 더욱 혼란해지고, 나라의 법령이 정비되면 정비될수록 도적은 점점 많아지는 것이 당연한 이치라는 것이다. 그러기에 노자는 성인의 말을 인용하여 "내가 하는 것이 없으면 백성이 저절로 감화된다.(我無爲而民自化.)"라고 하면서 법령이나 구속이 없는 다스림을 주창했다. 여기서 '자화(自化)'란 자연화육(自然化育)의 준말이며, 무위자화(無爲自化), 무위화(無爲化)라고도 쓴다.

유가에서 말하는 무위이치와 도가가 말하는 무위이치는 방법은 다를지언정 잘 다스려지는 정치라는 지향점은 유사하지 않은가.

121

사람됨이 강단 있고 굳세다

爲人剛毅 | 위인강의

『사기』

위인강의(爲人剛毅)는 사마천이 『사기』 「여 태후 본기」에서 여 태후를 평한 말이다. 천하에서 가장 독한 여자로 꼽히는 그녀의 이름은 여치(呂雉)다. 한 고조 유방이 황제가 된 후 함께 황후가 되었으며 효혜제(孝惠帝)와 딸 노원태후(魯元太后)를 낳았다. 건달 출신의 유방을 그림자처럼 도운 반려자로, 유방 곁에서 늘 함께 전장을 누빈 유방의 든든한 동지였다. 한때는 시아버지, 심이기 등과 함께 항우에게 붙잡혀 2년 반이나 갇혀 있으면서 인고의 세월을 보내기도 했다.

여 태후는 유방이 민심에 힘입어 함양으로 들어가 갖은 난관을 딛고 패공이 되고, 다시 항우와의 긴 전쟁 끝에 천하를 거머쥐게 한 조강지처이기도 하다. 그런데 유방이 그녀를 내팽개치고 척희(戚姬)라는 희첩에게 마음을 주자, 그녀는 인간과 세상에 대해 독을 품었다. 더구나 척희가 훗날 조나라 왕이 된 여의(如意)를 낳자 여 태후는 후계자 문제에서도 위기를 느끼면서 독기가 더 심해졌다. 결국 여의가 조나라 왕에 세워진 뒤 태자 물망에 오르자 여 태후는 조왕을 독살시켰으며, 그것도 모자라 유방이 죽은 뒤 척희의 손과 발을 자르고 눈알을 뽑고 귀를 태워 돼지우리에 가두고는 '사람돼지(人彘)'라고 하면서 자신의 아들 혜제에게 그 흉측한 모습을 보여 주기도 했다. 그 충격으로 혜제는 제위에 오른 지 7년 만에 세상을 떠났고 그 자리를 여 태후 자신이 꿰차 버렸다.

유약했던 혜제의 재위 기간부터 7년여 동안 황후의 자리에 있는 동안 그녀는 장벽강, 진평, 주발 등 핵심 3인방의 도움을 받아 여씨 일족을 요직에 앉히고 한신 등 개국 공신을 제거하는 등 혼자만의 제국을 꾸려 나갔다. 이러한 악행에도 그녀는 강단 있고 굳센 성격으로, 막 창업되어 불안정한 제국을 안정시키는 등 업적을 세워 "황제의 직권을 대행해 정치가 방 안을 벗어나지 않았어도 천하는 편안했다. 형벌이 드물게 사용되어 죄인이 드물었다. 백성들이 농사에 힘쓰니 옷과 음식은 더더욱 풍족해졌다."라는 사마천의 극찬을 들을 정도였다.

그러나 한 나라를 이끈 지도자를 어찌 일단의 업적으로만 함부로 재단할 수 있는가. 여 태후는 여씨 일족만을 등용하는 등 불공정한 인사 전횡을 휘두르고, 가차 없는 정치 보복 등을 일삼은 일그러진 정치인이었다는 점을 간과해서는 안 된다.

122

나라는 영원히 강성하거나 영원히 약소할 수 없다

國無常强無常弱 | 국무상강무상약

『한비자』

"나라는 항상 강성할 수 없고 항상 약소할 수도 없다. 법을 받드는 사람이 강하면 나라가 강해질 것이고 법을 받드는 자가 약하면 그 나라도 약해질 것이다.(國無常强, 無常弱. 奉法者强, 則國强, 奉法者弱, 則國弱)"(『한비자』「유도」)

한 치 앞을 내다보기 힘들었던 춘추 전국 시대에는 영원한 강자도 영원한 약자도 없었다. 초나라는 장왕이 스물여섯 나라를 병합해 영토를 3000여 리나 확장했으나, 그가 죽어 사직을 관장하지 못하게 되자 쇠약해지고 말았다. 제나라도 환공이 30여 나라를 병합해 3000여 리에 달하는 영토를 늘렸으나, 그가 죽은 뒤 바로 쇠락했다. 이뿐이 아니다. 연나라의 소왕은 황하를 국경으로 하고 계(薊)를 나라의 수도로 삼으며 탁현(涿縣)과 방성(方城)을 방패 삼아 제나라를 무찌르고 중산 지방을 평정했다. 이때 연나라와 연합한 나라들은 천하의 존중을 받았고 연나라와 사이가 먼 나라들은 경시됐다. 그러나 소왕이 죽자 연나라 역시 쇠락했다. 또한 위(魏)나라의 안리왕(安釐王)

은 연나라를 쳐서 조(趙)나라를 구하고, 하동(河東) 땅도 되찾았으며, 약소국인 도(陶)나라와 위(衛)나라의 영토를 침공했고, 제나라가 소유한 평륙(平陸) 땅을 공격해 손에 넣기도 했다. 작은 한(韓)나라를 공격해 관(管) 지역을 함락시키고 기산(淇山) 아래의 싸움에서 크게 승리하기도 했다. 또 소릉(召陵) 전투에서는 채(蔡)나라와 합세하여 초나라의 군대를 무찔렀다. 이처럼 위나라의 군사력은 천하를 덮을 만했고 그 위세를 중원에 떨쳤지만 안리왕이 세상을 떠나자 쇠락해졌다.

한 국가의 흥망의 관건은 군주의 역량에 달려 있기에 어떤 군주가 다스리는가 하는 문제가 바로 국가의 명운과 직결된다는 것이 한비의 논점이다. 군주가 강력한 법치 리더십을 발휘하며 원칙과 소신을 가지고 다스려야만 그 나라도 기세를 떨칠 수 있다. 한 나라의 흥망성쇠는 결코 영원하지 않다. 한때의 평화와 작은 승리에 안주하지 말고 늘 국기를 다잡아야 할 것이다.

123

그들을 잘살게 하고
그들을 가르쳐라

富之敎之 | 부지교지
『논어』

위정자는 백성들을 먼저 잘살게 하고 나서 가르치라는 말, 부지교지(富
之敎之)는 선부후교(先富後敎)라는 말로도 알려져 있다.

『논어』 「자로」 편에 보면, 공자가 제자 염유와 함께 위(衛)나라에 갔는데,
위나라 인구가 많다며 감탄하는 공자에게 염유가 인구가 많으니 무엇이 더
필요하느냐고 물었다. 이에 공자가 "그들을 잘살게 해 주어야 한다.(富之.)"라
고 했다. 잘살게 되면 또 무엇을 하느냐고 다시 묻자 "그들을 가르쳐야 한
다.(敎之.)"라고 했다.

공자는 "가난하면서 원망하지 않는 것은 어렵지만, 부자이면서 교만하지
않은 것은 쉽다.(貧而無怨難, 富而無驕易.)"(『논어』 「헌문」)라고 하면서 '빈(貧)'과
'부(富)'를 대비시켰다. 그러면서 "가난하면서도 즐거움으로 삼고, 부유하면
서도 예의를 좋아하는 것(貧而樂, 富而好禮.)"(『논어』 「학이」)을 강조했고 한 걸
음 더 나아가 자신을 재물과 연관 없는 존재로 묘사하기를 좋아했다.

“의롭지 못하고 잘살고 귀하게 되는 것은, 나에게 뜬구름과 같다.(不義而 富且貴, 於我如浮雲.)”(『논어』 「술이」)

이렇듯 공자가 부를 외면하려 한 것은 거친 밥을 먹고 물을 마시며 팔을 굽혀 베개로 삼는 안빈낙도의 삶을 추구했기 때문이다.

“부유함과 귀함은 사람들이 바라는 바이지만 그것이 정당하게(道) 얻은 것이 아니면 누려서는 안 된다.(富與貴是人之所欲也, 不以其道得之, 不處也.)” (『논어』 「이인」)

이렇듯 공자는 부귀에 대한 욕망을 본능에 따른 것으로 보면서도 늘 도에 입각해서 부귀를 추구해야 한다 선을 그었다.

한편 공자는 “가르쳐 주지도 않고 죽이는 것을 잔인하다 한다.(不敎而殺 謂之虐.)”(『논어』 「요왈」)라고 하면서, 네 가지 가르침인 사교(四敎)를 주장했으니 문행충신(文行忠信), 즉 문학, 덕행, 충심, 성의이다. 물론 가르침의 원칙도 있었다. 스승을 뵐 때 최소한의 예절을 갖추어야 하며, “(배울 때) 분발하지 않으면 열어 주지 않고, 애태우지 않으면 발휘하도록 말해 주지 않는다.(不 憤不啓, 不悱不發.)”(「술이」)

124

군주는 배이고 백성은 물이다

君舟人水 | 군주인수

『정관정요』

군주인수(君舟人水)는 군주와 신하의 긴밀한 협력과 상호 존중을 의미하는 말로서, 『정관정요(貞觀政要)』에 나온다. 『정관정요』는 당나라 왕조의 기틀을 마련한 태종 이세민(李世民)의 정치 철학을 기본으로 한 정치 토론집 성격의 책이다. 이 책의 첫머리만 보더라도 당 태종이 얼마나 백성의 관점에서 정치를 하려고 했는지 알 수 있다.

"군주의 도리는 먼저 백성을 생각하는 것이오. 만일 백성들의 이익을 손상시켜 가면서 자기의 욕심을 채운다면, 마치 자기 넓적다리를 베어 배를 채우는 것과 같아서 배는 부를지언정 곧 죽게 될 것이오. …… 또 만일 군주가 이치에 맞지 않는 말을 한마디라도 한다면 백성들은 그 때문에 사분오열할 것이고 마음을 바꾸어 원한을 품고 모반하는 이가 생길 것이오. 나는 항상 이러한 이치를 생각하고 감히 나 자신의 욕망을 따르는 행동을 하지 않았소."(「군도(君道)」)

이러한 생각이 바탕에 있었기에 태종은 "군주는 배이고, 백성은 물이다. 물은 배를 띄울 수도 있지만, 또한 배를 뒤엎을 수도 있다.(君舟人水, 水能載舟, 亦能覆舟)"(「논정체(論政體)」)라는 위징(魏徵)의 말을 늘 마음속에 새기면서 다스림의 지침으로 삼고자 했다. 여기서 '인(人)' 자는 '민(民)' 자와 같은 말로 당 태종의 이름이 '세민(世民)'이라 피휘하여 대체한 것이다.

당 태종은 창업 과정에서 피비린내 나는 형제의 난을 겪으면서 제위에 올랐지만 문치를 실행하고 철저히 자기를 관리하며 겸허의 리더십으로 신하들과 허심탄회하게 상의하면서, 백성들과 모든 고락을 함께하고자 노력한 군주였다. 때로는 위징처럼 300번 이상 간언한 신하도 내치지 않고 사심 없이 간언을 받아들여 자신의 잘못을 바로잡으려 했으며, 특히 민생 안정에 온 정성을 기울여 부역과 세금을 가볍게 하여 백성들을 아꼈고 형법을 신중하게 사용하여 법제를 보존시켰다.

당 태종이 다스린 23년여 기간을 '정관의 다스림(貞觀之治)'이라고 하여 그 치적을 높이 평가하는 데는 열린 정치라는 분명한 이유가 있다.

있음과 없음은 서로를 낳는다

有無相生 | 유무상생

『노자』

만물의 이치를 상대적으로 파악하라는 의미를 담은 유무상생(有無相生)은 『노자』 2장에 나온다.

"있음과 없음은 서로를 낳고, 어려움과 쉬움은 서로를 이루어 주며, 깊과 짧음은 서로 비교하고, 높음과 낮음은 서로 기울며, 곡조(음악)와 소리는 서로 어울리고, 앞과 뒤는 서로를 따른다.(有無相生, 難易相成, 長短相形, 高下相傾, 音聲相和, 前後相隨.)"

이 장에는 아름다움과 추함, 선과 악 모두 상대적인 문제라는 관점이 담겨 있다. 어떤 한 개념에 대해 가치 판단을 하는 것은 그것을 표상하고 판단하며 추리하는 의식 작용, 즉 주관의 상대적 소산이지 그 사물의 본래 성질과는 무관하다는 것이다.

유무상생이라는 말은 두 방향에서 이해해야 마땅하다. 일단 '유'라 하면 '무'를 떠올릴 수밖에 없는 상호 의존성을 말하고 있다는 것이 그 첫째이고,

만물이 늘 변화 속에 존재한다는 점을 강조하고 있다는 것이 그 둘째이다. 하여 『노자』 40장에서는 "천하의 만물은 유에서 생겨나고, 유는 무에서 생겨난다.(天下萬物生於有, 有生於無.)"라고도 한다. '있음(有)'은 '없음(無)'을 전제해야만 드러나기 때문이다.

이 유무상생의 문제는 노자의 세계관을 이루는 가장 핵심으로 공자가 말하는 정명(正名)의 문제와는 태생적인 차이가 있다. 공자는 군주는 군주, 신하는 신하, 아버지는 아버지 아들은 아들이라는 절대적 지위에 따른 개인의 역할과 책임을 강조하고 있으니 말이다. 노자는 대립쌍으로 존재하는 자연 법칙을 상대적 관점에서 파악하고 이것들이 서로 유기적으로 조화하면서 '도(道)'를 이룬다고 본 것이다.

주나라의 몰락, 절대적 가치관의 파괴로 모든 것이 혼재한 시대적 상황에서 시비를 가르고 선악을 구분하는 논의는 의미가 전혀 없다는 것이 노자의 일관된 생각으로 그는 인간이 멋대로 정한 표준을 부정한다. 인간의 지적 작용은 주관적이어서 자연 현상을 구별하는 일은 무가치하다고 보는 그는, 자기와 다른 것을 구분하고 절대화하는 사고는 사회의 가치 체계와 규범을 만들 뿐 아니라 나아가 대립과 경쟁이 발생하도록 하여 인류의 불행을 초래하게 하므로 부정되어야만 된다고 주장하고 있는 것이다.

홀로 결단하는 자가 천하의 주인이다

獨斷者天下主 | 독단자천하주

『한비자』

독단자천하주(獨斷者天下主)는 군주가 홀로 단호히 결단해야만 천하의 주인이 될 수 있다는 말로 『한비자』 「외저설 우상」 편에 나온다.

"혼자만 볼 수 있으면 밝다고 하고, 혼자만 들을 수 있으면 총명하다고 한다. 홀로 결단하는 자가 천하의 주인이 될 수 있다.(獨視者謂明, 獨聽者謂聰. 能獨斷者, 故可以爲天下主.)"

독단의 사전적 의미는 남과 의논하지 아니하고 자기의 주관적 편견대로 결정해 버리는 것이다. 그러나 여기에서 한비가 말하는 '독(獨)'의 의미는 긍정적이고, 독단의 의미 또한 마찬가지다. 그는 다음과 같은 이야기를 비유로 들었다.

당계공(堂谿公)이 한나라 소후(昭侯)에게 말했다.

"여기에 밑이 없는 백옥 그릇과 밑이 있는 오지그릇이 있다고 하면, 목이 마를 때 군주께서는 어느 것을 사용하시겠습니까?"

"오지그릇을 사용할 것이다."

"백옥으로 만든 그릇은 아름다운데 그것을 사용하지 않는 것은 밑이 없기 때문인가요?"

소후가 그렇다고 수긍했다. 그러자 기다렸다는 듯이 당계공은 말했다.

"군주가 국가의 말을 누설하면 마치 백옥 그릇에 밑이 없는 것과 마찬가지입니다."

이 말을 듣고 난 소후는 그날 이후 혼자서 잠을 잤다. 잠꼬대를 하다가 국가 대사를 처첩에게 누설하지나 않을까 염려해서였다. 당계공이 말한 의도는 군주는 때로 혼자 결단을 내릴 수밖에 없다는 것이다. 궁정의 속성상 군주와 신하, 처첩 간의 갈등 등으로 군주가 섣불리 속을 드러내 놓고 논의하다가 그들에게 빌미를 제공해 역으로 심각한 위협이 되어 돌아올 수 있기에 군주는 고독을 피하지 말아야 한다. 특히 나라와 관련된 중대한 비밀이 누설되면, 군주는 목숨마저 위태로울 만큼 치명적 타격을 받게 된다.

현명한 군주는 때로는 자신에게 닥친 운명적 고독을 견뎌 내야 하며, 대사를 홀로 결단하는 승부사적 기질을 갖고 있어야 한다. 한비가 규정하듯 '총(聰)'과 '명(明)' 역시 독자적으로 문제를 관찰하고 듣는 데서 나오는 것이기에 말이다.

세상을 구할 만한 인재

命世之才 | 명세지재

『삼국지』

명세지재(命世之才)는 명세재라고도 하며 위나라를 창업한 난세의 영웅 조조를 품평한 교현(橋玄)의 말이다.

"천하는 장차 혼란에 빠질 것인데 세상을 구할 만한 재목이 아니면 이를 구제할 수 없을 것이오. 그리고 천하를 안정시키는 일은 아마도 그대에게 달려 있을 것인저.(天下將亂, 非命世之才不能濟也, 能安之者, 其在君乎.)"(『삼국지』「무제기」)

교현은 조정에서 삼공(三公)을 역임한 관료였는데, 그가 무명이었던 조조에게 이런 평가를 내린 것은 조조의 앞날에 큰 보탬이 되었다.

조조는 한나라 때 상국(相國)을 지낸 조참(曹參)의 후예이고 조부 조등(曹騰)과 아버지 조숭(曹嵩)은 환관이었다. 어린 시절 끝도 없이 놀면서 숙부를 거짓말쟁이로 골리기도 했다. 어려서부터 눈치가 빠르고 권모술수에 능했으며 임협방탕(任俠放蕩, 사내다움을 뽐내며 멋대로 논다는 의미)의 기질이 강한 그를 알아주는 사람은 아무도 없었다. 그러나 교현의 말은 사실로 입증되었다. 나이 스물에 낭(郎)이 되었고 황건적의 난이 일어나자 기도위(騎都尉)에 임명되어 영천(潁川)의 황건적을 토벌했으며 이 일로 승진하여 제남국(濟南國)의 상(相, 지방 장관)이 되었다. 마침내 북방을 장악하고 있던 원소와의 관도대전에서 승리를 이끌었고 능력 위주의 인재 등용과 냉철한 국가 경영 지침을 견지하여 천하를 장악했다.

임종하면서까지 그는 "천하가 아직 안정되지 않았는데 또 고대의 규정에 따라 장례를 치를 수는 없다. 매장이 끝나면 모두 상복을 벗으라. 병사를 통솔하며 수비지에 주둔하고 있는 자가 부서를 떠나는 일은 허락하지 않는다. 담당 관리는 각자 자신의 직무를 다하라. 시신을 쌀 때는 평상복을 사용하고, 금은보화를 묘에 넣지 말라."라는 영을 내렸으니, 진수의 총평처럼 조조야말로 "비범한 인물이며 시대를 초월한 영웅"이 아니겠는가.

헐뜯는 나무

誹謗之木 | 비방지목

「사기」

비방지목(誹謗之木)은 백성들의 고통을 마음에 새겨 정치에 반영하는 것을 말한다. '비방'은 간언(諫言)이고, '목'은 목패(木牌)와 같다.

요임금은 백성을 자식처럼 여기고 어진 정치를 행한 전설상의 천자다. 그는 교만하지 않았고 백관들에게도 공명정대했다. 공과 사도 분명하여 후계자 물색에도 분명했다. 방제(放齊)라는 신하가 자신의 아들 단주(丹朱)를 추천했지만, 덕이 없고 싸움을 좋아하여 쓸 수 없다고 잘라 말했다. 이에 사악(四嶽, 동서남북의 우두머리로 원로를 뜻함)이 순(舜)을 추천하자 자신의 두 딸 아황(娥皇)과 여영(女英)을 아내로 주었다. 요임금의 바람대로 순은 백성들을 잘 인도했고 모든 관리들을 잘 총괄하여 조정의 질서를 바로잡아 나갔다. 또한 순은 빈객 접대도 정중하게 잘하였고 하천 관리도 손색이 없었다. 마침내 요임금은 순에게 제위를 물려주었다.

요임금은 일찍이 자신이 백성을 다스림에 행여 잘못이 있을까 언제나 걱정하고 두려워했다. 그래서 궁리 끝에 궁궐 문 앞에 아주 큰 북을 하나 달아 '감간지고(敢諫之鼓)'라고 칭했다. 그것은 감히 간언하는 북이라는 뜻으로, 임금이 정치를 하면서 범하는 잘못을 발견하면 지위 고하를 막론하고 누구든 그 북을 쳐서 말하도록 했다. 순임금 역시 궁궐에 나무 네 개를 엮어 기둥을 세우고 '비방지목'이라고 이름을 붙인 뒤 누구든 정치에 불만이 있으면 그 나무 기둥에 새겨 직언하도록 했다. 그러기에 『회남자』「주술훈(主術訓)」편에서 민심의 통로로 요임금의 감간지고, 순임금의 비방지목, 탕왕의 사직지인(司直之人, 직언하는 사람), 무왕(武王)의 계신지도(戒愼之韜, 경계하고 삼가는 작은 북)를 꼽은 것이다. 이런 정치를 두고 한나라 문제는 이렇게 칭송했다.

"옛날 천하를 다스림에, 조정에는 선으로 나아가도록 하는 깃발과 헐뜯을 수 있는 나무가 있어 다스리는 이치에 통하게 하여 간언하는 자들을 오게 했다.(古之治天下, 朝有進善之旌, 誹謗之木, 所以通治道而來諫者.)"(『사기』「효문본기」)

예나 지금이나 어떤 방식으로든 민심을 듣는 것은 위정자의 책무다.

129

다섯 가지 미덕과 네 가지 악행

五美四惡 | 오미사악

『논어』

오미사악(五美四惡)은 다섯 가지 미덕을 존중하고 네 가지 악을 물리친 다는 뜻인 '존오미병사악(尊五美屛四惡)'의 준말로, 제자 자장이 공자에게 어떻게 해야 정치에 종사할 수 있느냐고 묻자 공자가 한 말이다. '오미'란 "은혜를 베풀면서도 낭비하지 않고, 수고롭더라도 원망하지 않으며, 욕망은 있어도 탐욕은 없고, 느긋하면서도 교만하지 않고, 위엄이 있으면서도 사납지 않은 것이다.(惠而不費, 勞而不怨, 欲而不貪, 泰而不驕, 威而不猛.)"(『논어』「요왈」) 이 말에 대해 보충 설명을 부탁하자 공자는 친절하게 이렇게 부연했다.

"백성들이 이롭게 여기는 바에 따라서 백성들을 이롭게 하면, 이것이 또한 은혜를 베풀면서도 낭비하지 않는 것이 아니겠느냐? 수고롭게 할 만한 일을 가려서 수고롭게 한다면 또한 누가 원망하겠느냐? 인하고자 하여 인을 이룬다면 또 어찌 탐욕스럽겠느냐? 군자는 많고 적음을 상관하지 않고, 작고 큰 것을 상관하지 않으며, 함부로 오만하게 하지 않으니 이 또한 바로 넉넉하면서도 교만하지 않는 것이 아니겠느냐? 군자가 그의 의관을 바르게 하고 그의 시선을 높이 함으로써 근엄한 모습이 사람들로 하여금 우러러 두렵게 한다면 이 또한 위엄이 있으면서도 사납지 않은 것이 아니겠느냐?”

공자보다 48세나 어린 자장은 정치에 관심이 아주 많았다. 자장이 다시 '사악'이 무엇이냐고 묻자, 공자는 말했다.

“가르쳐 주지도 않고 죽이는 것을 잔인하다 하고, 경계하지도 않고 성공을 보려는 것을 포악하다 하며, 명령은 태만히 하고 기한 안에 이루려는 것을 해치는 것이라 하고, 오히려 남에게 주어야 하는데도 출납을 인색하게 하는 것을 쩨쩨한 벼슬아치라고 한다.(不敎而殺謂之虐. 不戒視成謂之暴. 慢令致期謂之賊. 猶之與人也, 出納之吝謂之有司.)”

공자의 말처럼 '학(虐)', '포(暴)', '적(賊)' 등의 단어는 결국 위정자가 저지르게 되는 악행과 관련된 것이다. 『논어』 「위정」 편에서 자장이 녹봉을 구하는 법을 물었을 때도 공자는 “말에 허물이 적고 행동에 후회가 적으면 녹봉은 그 안에 들어 있다.”라고 했다. 공자가 말하는 이상적 정치는 위정자가 군자다운 마음과 선비의 자세로 원칙을 견지하면서 '위정이덕(爲政以德)', 즉 도덕과 예교로 국가를 다스리는 것으로, 이는 정녕 백성을 위하는 길이다.

130

법령을 준엄하게 하고 형벌을 엄하게 하다

峭法嚴刑 | 초법엄형

『한비자』

초법엄형(峭法嚴刑)은 엄격한 법집행의 중요성을 강조한 말로 초법각주(峭法刻誅)와도 유사하다.

"열 길 높이의 성곽을 누계(樓季)도 뛰어넘을 수 없는 것은 가파르기 때문이고, 천 길 높이의 산에서 다리 저는 양을 쉽게 사육할 수 있는 것은 평평하기 때문이다. 그런 까닭에 현명한 왕은 그 법을 준엄하게 하고 형벌을 엄하게 하는 것이다.(十仞之城, 樓季弗能踰者, 峭也; 千仞之山, 跛牂易牧者, 夷也. 故明主峭其法而嚴其刑也.)"(『한비자』「오두」)

한비가 말하고자 한 바는 군주는 반드시 관용을 경계해야 한다는 것이다. 군주가 어설픈 감정에 휘둘려 위법한 행위를 한 자들을 용서하는 일이 없어야 나라를 제대로 다스릴 수 있다. 유가 사상의 핵심 개념인 '인(仁)'이니 '덕(德)'이니 '서(恕)'와 같은 것들에 주목하지 않았던 한비는 성질 나쁜 어린이를 예로 들어 설명했다. 아이의 부모가 몹시 걱정을 해도 좀처럼 고쳐지지 않고, 마을 사람이 나무라도 소용없으며, 어른이 타일러도 아랑곳없는 아이는 관청에서 관리가 나와 못된 자를 찾고 있다고 말하며 강압을 행사해야만 두려운 마음에 자신의 잘못을 고치게 된다는 것이다. 부모가 부드럽게 감싸기보다는 관청의 엄벌이 더 큰 교육적 효과를 발휘한다는 논지다. 그래서 현명한 군주는 초법엄형이라는 방법을 사용함으로써 준엄한 법 집행의 면모를 보여야 한다는 것이다. 또한 포상은 정확하고 후하게 주어야 하며 그 대상은 결코 친소 관계에 의해 좌지우지되어서는 안 된다. 이러한 포상의 공정함을 백성들이 믿을 수 있어야 실질적인 효과가 있으며 군주를 위해 기꺼이 충성할 자세가 갖추어진다.

물론 한비의 이 말이 상징하는 섬뜩한 폭압성은 분명 주의해야 하지만 승패와 존망을 치열하게 다투며 어지럽던 당시의 무질서를 탈피하기 위한 강력한 카리스마형 제왕학을 구축하고자 한 것으로 볼 수 있겠다. 당시의 군주 역시 생존을 위해, 시해되지 않기 위해 몸부림칠 수밖에 없는 서글픈 존재였기에 말이다.

131

나라를 작게 하고 백성을 적게 하다

小國寡民 | 소국과민

『노자』

소국과민(小國寡民)은 노자가 생각하는 이상적인 국가의 모습으로서 작은 정부야말로 진정한 위정자의 지향점이어야 한다는 것이다. 『노자』 80장에 나오는 이 말은 기실 무위(無爲) 관념의 필연적 산물이며, 노자 정치사상의 구체적 표현이다.

당시의 패권 경쟁 구도와는 전혀 상반되고 상충되는 주장을 하며 노자가 국가의 발전을 불필요하게 여긴 것은 다음과 같은 이유 때문이다. 노자가 긍정한 것은 단지 무위(無爲)의 경계에 머물러 '반(反)'의 법칙을 이용하여 만물을 지배하는 것으로서, 국가라고 해서 백성들의 가치를 실현하는 주체가 되어서는 안 된다고 생각했다. 국가 주도형 시스템을 부정적으로 본 것이다. 노자가 내세운 이상적인 세계는 결국 소박한 사람들이 사는 소박한 세계로서 다양성을 인정하며 소외적 요소가 존재하지 않는 조화의 세계이다. 바로 이 80장의 하반부에서 그가 그린 국가의 모습은 이렇다.

"그 음식을 달게 여기고, 그 옷을 아름답게 여기며, 그 거처를 편안히 여기고, 그 풍속을 즐거워하게 하니, 이웃 나라가 서로 바라보고 닭 울고 개 짖는 소리가 서로 들릴지라도 백성들은 늙어 죽을 때까지 서로 오고 가지 않는다.(甘其食, 美其服, 安其居, 樂其俗, 隣國相望, 鷄狗之聲相聞, 民至老死不相往來.)"

즉 작은 나라일지라도 백성들은 의식주 문제가 해결되고 저마다 자신이 사는 세계에 만족하면서 안분(安分)의 여유를 느끼면 그 나라는 잘 다스려지는 것이다.

저마다 할 일을 하면서 편안히 살아가는 모습이 진정으로 행복한 나라라는 노자의 구상이야말로 자아는 자아대로 보존하면서 타자와 동화되어 마침내 모든 사람이 하나로 융화되어 사는 세계이자 모든 이기심과 허욕, 거만함 등이 녹아 사라지는 세계를 말한다. 이는 사람과 사람 사이의 유대관계를 강화하고 친밀감이 확장되게 하여 문명이 거부되고 인위가 배척되며 번거로운 제반 사회 제도가 제거된 국가이다.

노자는 도(道)의 진정한 모습과 자연의 원리를 인식하여 그에 합당한 행위를 할 것을 요구하는 무위(無爲)의 정치를 주장함으로써 현실 정치사회의 권모술수와 투쟁을 반대, 배척하고 아름답고 조화로운 자연의 이치에 따르는 삶으로 사람들을 인도하려 했던 것이다.

132

사슴을 쫓다

逐鹿 | 축록

『사기』

축록(逐鹿)은 사슴을 쫓는다는 말로 제위나 정권을 다툼을 뜻한다. 중원축록(中原逐鹿)의 준말이며, 축록중원(逐鹿中原)이라고도 한다. 각축(角逐)과 같다. 『사기』「회음후 열전」에 나오는 말이다.

한나라 10년에 진희가 모반하자 고조는 장수가 되어 직접 치러 갔으나 한신은 병을 핑계로 빠지고, 오히려 진희에게 사람을 보내 그를 몰래 돕겠다고 했다. 그러고는 가신들과 짜고 밤에 거짓 조서를 내려 각 관아의 죄인들과 관노를 풀어 주고, 이들을 동원해서 여 태후와 태자를 습격하려고 했다. 마침 한신의 가신 중 한 사람이 한신에게 죄를 지은 것이 발각되어 한신이 그를 잡아 죽이려고 하자, 그 가신의 동생이 여 태후에게 한신의 모반 음모를 몰래 알려 주었다. 여 태후는 한신을 은밀히 불러들여 포박하고는 장락궁(長樂宮)의 종실(鐘室)에서 목을 베도록 했다. 한신이 죽으면서 한 말은 이러했다.

"괴통(蒯通)의 계책을 쓰지 못한 게 안타깝다. 아녀자에게 속은 것이 어찌 운명이 아니겠는가?"

한신의 삼족도 멸해졌다. 마침 진희를 토벌하러 간 고조가 돌아와 여 태후에게 한신이 죽을 때 무슨 말을 했느냐고 물었다. 여 태후가 사실대로 말하자, 고조는 제나라에 있던 괴통을 잡아오게 하여 한신에게 모반하도록 가르쳤느냐고 캐물었다. 괴통은 그렇다고 하고는 한신이 자신의 계책을 썼다면 결코 고조가 이기지 못했을 것이라고 덧붙였다. 고조는 화가 치밀어 괴통을 삶아 죽이라고 명했다. 그러자 괴통이 말을 이어나갔다.

"진(秦)나라의 기강이 느슨해지자 산동 땅이 크게 어지러워지고 진나라와 성이 다른 사람들이 아울러 일어나 영웅호걸들이 까마귀 떼처럼 모여들었습니다. 진나라가 그 사슴을 잃자, 천하는 다 같이 이것을 쫓았습니다.(秦失其鹿, 天下共逐之.) 이리하여 키 크고 발 빠른 고조께서 먼저 이것을 얻었습니다. 도척이 기르는 개가 요임금을 보고 짖은 것은 요임금이 어질지 못해서가 아닙니다. 개는 본래 자기 주인이 아닌 사람을 보면 짖게 마련입니다. 당시 저는 한신만을 알았을 뿐 폐하는 알지 못했습니다."

그러자 고조는 괴통의 죄를 용서했다.

133

덕으로써 정치를 행한다

爲政以德 | 위정이덕

『논어』

위정이덕(爲政以德)은 도덕과 예교로 행하는 정치를 말하는 것으로 『논어』 「위정」 편 첫머리에 나온다.

"덕으로 정치를 행하는 것은, 비유하자면 마치 북극성이 자리를 지키고 있고, 다른 모든 별이 함께 그를 떠받들어 도는 것과 같다.(爲政以德, 譬如北辰, 居其所而衆星共之.)"

이 말은 「위정」 편의 핵심으로 이 편의 세 번째 문장과 긴밀하게 연계된다.

"정령(政令)으로 이끌고 형벌로 다스리면 백성들은 (법망을 교묘하게) 빠져나가고도 부끄러움을 모른다. 덕으로 이끌고 예로써 다스리면 (백성들은) 부끄러워할 줄 알고 (잘못을) 바로잡게 된다.(道之以政, 齊之以刑, 民免而無恥. 道之以德, 齊之以禮, 有恥且格.)"

이 문장에서 '격(格)'은 규정을 엄격하게 준수하는 것이며 일정한 법도와 규범을 두고 관리하여 선함에 이르게 한다는 의미로서 빠져나간다는 의미의 '면(免)'과는 상반되는 개념이다. 공자는 정령과 형벌이라는 수단으로 강제화된 정치를 반대했는데, 그 이유는 별 효과도 없을 뿐 아니라 죄를 짓고도 '부끄러움'을 알지 못한다는 것이다.

'부끄러움(恥)'은 인간이 동물과 다른 근본적인 차이이기도 하다. 그러기에 공자가 말하는 덕치는 인간에 대한 감화를 핵심으로 하는 배려의 정치를 말한다. 물론 패권주의가 난무하는 춘추 시대 상황에서 이런 공자의 말은 설득력이 거의 없어 보였다. 그럼에도 공자는 일관되게 학문을 추구하면서도 끊임없이 정치에 관심을 기울였으며, 덕이 있는 자의 정치와 능력이 출중한 자의 정치 사이에서 고민하다가 마침내 덕치를 내걸었다.

더 나아가 공자는 효제(孝悌, 효도와 우애)를 정치에 적용해야 한다는 제안을 했다. 그러나 이런 '효제'의 실천이 정치적 덕목으로 확장되기는 현실적으로 힘들었다. 그러기에 그가 13년여 동안 북중국의 제후들에게 벼슬을 구했지만, 별다른 성과를 거두지 못하고 늘그막에 고향에 돌아와 가르침에 전념하게 된 것이 아닐까.

134

다섯 마리의 좀

五蠹 | 오두

『한비자』

오두(五蠹)는 나라를 갉아먹어 황폐하게 만드는 다섯 부류의 사람들을 말하는 것으로 『한비자』「오두」편에 나온다. 바로 인의 도덕의 정치를 주장하는 유가(儒家), 세객(說客)과 종횡가(縱橫家), 사사로운 무력으로 나라 질서를 해치는 유협(游俠), 공권력에 의지해 병역이나 조세의 부담으로부터 벗어나는 권문귀족(權門貴族), 농민들의 이익을 빼앗는 상공인(商工人)이다. 한비는 이러한 다섯 좀을 법의 힘으로 없애야 나라를 강하고 부유하게 다스릴 수 있다고 주장했다. 한비의 논지는 군주는 시대와 상황에 알맞은 방식을 사용하여 정치를 해야만 송나라의 농부가 쟁기를 버리고 그루터기를 지키면서 토끼를 얻으려는 수주대토와 같은 어리석음을 범하지 않으리라는 것이다.

이러한 인식 아래 한비는 자신이 처한 시대적 상황에서는 유가들이 군주와 신하의 관계를 어버이와 자식의 관계처럼 여김으로써 나라가 잘 다스려질 것이라고 한 주장이 타당성이 없다며 강력히 반대했다. 유가들은 선왕의 도를 따를 것을 주장하고, 인의를 내세우지만 쓸데없이 용모나 복장 등이나 따지며, 행동보다는 말에 열중하고, 시대의 변화에 따른 법제에 대해 시비를 걸며 사사건건 현실에도 맞지 않는 고사를 빌려 그들의 사욕을 채우려 하지 국가의 궁극적인 이익을 돌보려 하지 않는다는 것이다. 한비는 성인 공자가 훌륭한 인품의 소유자였음에도 따른 자가 70여 명밖에 안 됐지만, 어리석은 군주였던 노나라 애공(哀公)에게 백성들이 몰려들었던 것은 명분과 허세에 기대는 유가적 삶의 방식에 대한 심각한 경고라고 말한다. 이런 점은 유협들에게도 마찬가지로 적용된다. 이들은 무리를 지어 다니면서 군주의 금제(禁制)를 침범하거나 위협한다. 권문귀족 역시 뇌물이나 세력을 동원하여 군주의 정당한 사업(전쟁이나 토목사업)등을 방해하기도 한다. 상공인이나 권문귀족들도 매한가지라는 것이다.

현명한 군주라면 이런 자들이 발붙이지 못하게 해야만 나라도 유지되고 군주도 안정된 정치를 할 수 있다는 것이 한비의 논지다. 물론 한비 자신이 유세가였다는 점은 난센스다.

135

정치를 행하는 것은 사람에게 달려 있다

爲政在人 | 위정재인

『예기』

정치는 인재에게 달려 있다는 뜻인 위정재인(爲政在人)은 『예기』의 편명인 「중용(中庸)」의 '애공문정(哀公問政)' 조에 나오는 말이다.

"정치를 행하는 것은 사람에게 달려 있다. 사람을 취하는 것은 자신으로써 하며, 자신을 수양하는 것은 도로써 하며, 도를 수양하는 것은 인(仁)으로써 한다.(爲政在人, 取人以身, 修身以道, 修道以仁.)"

노나라 군주 애공이 정치를 물었을 때 공자의 답변은 이처럼 명쾌했다. 방책(方策, 목판과 죽간)에 기록되어 있듯이 문왕과 무왕 같은 성군의 정치력이 힘을 발휘한 것도 따지고 보면 현신(賢臣)을 취한 것에 힘입은 것이며, 만일 그렇지 않다면 정치는 멈출 수밖에 없다고 말한다. 인재를 선택하는 것은 군주의 자질에 달려 있고 '인(人)'은 바로 현신을 의미하므로 위정재인은 '위정재신(爲政在臣)'이라고 써도 무방하다. 당 태종 역시 『정관정요』에서 "정치를 하는 요체는 오직 사람을 얻는 데 있으니, 그 재목이 아닌 자를 등용한다면 반드시 (제대로 된) 정치에 이르기 힘들 것이다.(爲政之要, 惟在得人, 用非其才, 必難致治.)"라고 단언했으니, 사람이 얼마나 중요한 것인지를 알려주는 대목이다.

그러나 문제는 왜 현신만을 강조하고 군주가 성군인지 여부에는 관심을 기울이지 않았는가 하는 점이다. 이는 임명권자는 군주이지 신하가 아니고, 신하가 군주를 선택할 확률은 거의 없었기 때문일 것이다. 더군다나 적장자 계승 원칙이 엄존하는 봉건제하에서 대개는 능력보다 서열에 의해 군주의 자리가 정해졌으니 말이다. 그러니 제아무리 능력이 뛰어난 명 대의 장거정(張居正)이나 척계광(戚繼光) 같은 현신들도 성군을 만나지 못하여 그들의 탁월한 역량을 제대로 발휘할 수 없었고 곤욕을 치렀던 것 아닌가.

그러니 이 성어를 '위정재주(爲政在主)', 즉 정치를 하는 것은 군주에게 달려 있다는 표현으로 수정하는 것도 나쁘지 않다. 국정의 안정을 위해 현신보다 더 중요한 것은 신하의 능력을 알아보아 등용하는 군주의 역량이니 말이다. 군주는 늘 수신에 힘써야만 어진 신하를 알아보는 안목을 키울 수 있을 것이다. 군주의 수준이 곧 신하의 수준이다.

136

반드시 그곳의 정치를 듣다

必聞其政 | 필문기정

『논어』

필문기정(必聞其政)은 『논어』 「학이」 편에서 자금(子禽, 진항(陳亢)의 자(字))이 자공에게 한 질문 가운데 나온 말이다.

"선생님께서 어떤 나라에 도착하면 반드시 그 나라의 정치를 들으셨는데, 그것을 요구하신 것입니까? 아니면 (그들이) 선생님께 제공한 것입니까?(夫子至於是邦也, 必聞其政, 求之與, 抑與之與.)"

공자가 정치에 관심 많았던 것인지 아니면 위정자들이 공자의 정치 감각을 높이 평가한 것인지 물은 것이다. 자공이 누군가. 언변에 뛰어나 외교 등 대외 협상에 능했으며 늘 공자를 모시고 제후국을 주유했고 공자의 속내를 가장 잘 아는 제자였다. 자공이 사두마차를 타고 기마행렬을 거느리며 제후국을 방문하면 가는 곳마다 왕들이 몸소 뜰까지 내려올 정도였다.

자금의 물음에 자공의 답은 이러했다.

"선생님께서는 따사로움, 선량함, 공경, 절약, 겸양으로써 그것을 얻은 것이니, 선생님께서 그것을 구한 것은 아마도 다른 사람이 그것을 구한 것과는 다르겠지요?(夫子溫良恭儉讓以得之. 夫子之求之也, 其諸異乎人之求之與.)"

이 문장에서 '기저(其諸)'란 말은 자신의 말에 대한 확신이 서지 않을 때 쓰는 말투로 스승의 정치 행위를 한마디로 평가하는 것을 좀 조심스러워하는 어감이다.

자공이 이런 평가를 내린 데에는 공자가 내세우는 정치가 기존의 틀과 전혀 다른 덕치에 있음을 강조하려는 의도가 담겨 있다. 그러나 인(仁)과 예(禮)를 주창하고 늘 이상론에 치우쳐 있던 공자의 비현실적인 주장은 거의 모든 제후들로부터 외면받을 수밖에 없었던 상황을 자공이 몰랐을 리 없다. 공자는 학자였지 정치가는 아니었고 이론가였지 실천가도 아니었기에 그가 주장한 내용들이 제후들에겐 공허하게 들렸으며, 비록 '필문기정'은 했지만 이렇다 할 만한 성과를 내지 못했던 것이다.

공자가 만년에 고향으로 돌아와 제자 교육에 정열을 바쳐 2500여 년의 세월이 흐른 지금까지 사표(師表)로서 추앙받고 있으니, 오히려 공자의 입지는 정치보다는 교육에서 독보적이었다.

자리에 없는 듯 처신하다

無位而處 | 무위이처

『한비자』

무위이처(無位而處)는 제위에 오른 군주의 처신을 말하는 것으로 권세나 기호를 드러내기보다는 감추고 있음으로 해서 힘을 더 갖는다는 의미다.

"고요하여 그 자리에 없는 듯 처신하고, 막연하여 그가 있는 곳을 알지 못하도록 한다.(寂乎其無位而處, 漻乎莫得其所.)"(『한비자』「주도(主道)」)

현명한 군주가 되기 위한 영원불변의 도는 신하들로 하여금 그들의 재능을 다 발휘하도록 여건을 조성하는 것이다. 군주가 자기가 아니면 안 된다는 생각으로 일일이 모든 일을 다 관여해서는 안 된다. 백성들이 법을 우습게 대하는 것은 군주가 자신만의 기준을 들이대어 나대기 때문이다. 군주의 권위는 호들갑을 떨면 오히려 백성이나 신하들에게 흠결로 나타나게 된다. 은인자중(隱忍自重)이라는 말처럼 그 권위를 지킬 수 있는 무게감을 지니는 게 필요하며 일관된 잣대를 가지고 백성들을 대하는 것이 필요하다는 것이다. 그런 의미에서 우리에게 널리 알려진 양두구육(羊頭狗肉)이란 말은 군주의 처신이라는 것에 대해 다시금 생각하게 해 준다.

제나라 영공(靈公)은 특이한 취미를 가지고 있었다. 그는 궁중에 있는 미녀들을 데려와 남장을 시키고는 그 모습을 바라보길 즐겼다. 영공의 이러한 취미는 제나라 전체에 전해져 백성 가운데 남장한 미녀가 나날이 늘어났다. 그러자 영공은 궁중 밖에 있는 여자들은 절대로 남장하지 못하도록 명령을 내렸다. 그러나 금령이 제대로 지켜지지 않았다. 이에 안자가 영공의 행위는 마치 양 머리를 내걸고 개고기를 파는 파렴치한 행위와 다를 바 없다고 일침을 가했다. 영공은 즉시 남장하는 것을 금했다.

군주가 사사로운 쾌락에 빠져들면 직무를 소홀히 하게 되어 적지 않은 폐단을 가져올 수밖에 없다. 군주의 자리는 그저 기분 내키는 대로 행동할 수 있는 무소불위한 자리가 아니다. 일거수일투족을 바라보는 수많은 백성들과 신하들이 눈을 부릅뜨고 있기에 군주의 처신은 늘 무위이처의 냉정함이 요구된다.

장사는 한번 떠나면 다시 돌아오지 못하리

壯士一去不復返 │ 장사일거불부반

「사기」

장사일거불부반(壯士一去不復返)은 『사기』 「자객 열전」에서 자객 형가(荊軻)가 진시황을 암살하러 떠나며 부른 노래에 나오는 구절이다.

"바람 소리 소슬하고 역수는 차갑구나! 장사는 한번 떠나면 다시는 돌아오지 못하리(風蕭蕭兮易水寒, 壯士一去兮不復返)"

이 구절에서 '어조사 혜(兮)' 자가 빠진 것이다. 사마천은 형가가 떠나며 부른 이 노래를 "우성(羽聲)으로 노래하니 그 소리가 강개하여 듣는 사람들이 모두 눈을 부릅떴고, 머리카락이 관을 찌를 듯 치솟았다."라고 비장한 어조로 묘사하고 있다.

형가는 위(衛)나라 사람으로 책 읽기와 격투기와 검술을 좋아했다. 원래 유세가로 나섰으나 위나라 원군(元君)이 그를 쓰지 않아 떠돌아다니다가 연나라로 가서 개 잡는 백정과 축(筑)을 잘 타는 고점리(高漸離)라는 이와 친하게 지냈다. 술이 얼큰하게 취하면 고점리가 축을 타고, 형가는 그 소리에 맞추어 시장 한가운데서 노래를 부르며 서로 즐겼는데 매우 자유분방한 모습이었다고 한다.

후에 형가는 숨어 사는 선비 전광(田光)의 눈에 띄었고, 진나라에 볼모로 잡혀 갔다가 돌아온 지 얼마 안 된 태자 단(丹)에게 소개되어 진시황 암살 계획에 동원된다. 자객 형가는 진나라를 배반하고 연나라에 숨어 들어온 번오기의 목과 연나라의 기름진 땅 독항(督亢)의 지도를 미끼로 진시황을 죽이러 떠나야 했다. 그러나 행장이 다 꾸려졌는데도 형가는 떠날 생각을 하지 않았다. 애가 탄 태자 단은 형가가 마음이 바뀌어 일부러 시간을 끄는 것이 아닌가 의심했다. 그래서 형가의 조수로 있던 진무양(秦舞陽)을 먼저 보내자고 제안했다. 그러자 형가는 버럭 화를 내며 기약할 수 없는 길을 떠나며 길벗을 기다리려 했던 것이라면서 곧장 길을 나섰다. 피 끓는 기개의 형가가 하직 인사를 하고 사람들의 배웅을 받아 먼 진나라로 떠나면서 읊조린 말이 장사일거불부반이다.

결국 형가의 암살 시도는 실패로 끝났으니 형가가 지척의 거리에서 뜻을 이루지 못했던 것은 이 슬픈 곡조의 노래에서 예감되어 있는지도 모를 일이다.

한번 마시면 삼백 잔이지

一飮三百杯 | 일음삼백배

이백, 「장진주」

일음삼백배(飮三百杯)는 술과 달을 좋아했던 풍류 시인이자 두보와 더불어 당시(唐詩)의 양대 거목으로 손꼽히는 이백의 「장진주(將進酒)」에 나오는 구절로 호기로운 음주 태도를 가리키는 말이다. 「장진주」는 장편의 악부시인데, 여기서는 앞부분을 음미해 보자.

그대 보지 못하였는가!	君不見
황하의 물이 천상에서 내려와	黃河之水天上來
마구 흘러 바다에 들어가서 다시 돌아가지 못함을	奔流到海不復回
그대 보지 못하였는가!	君不見
높은 집 맑은 거울에 비친 백발을 슬퍼하는 모습을	高堂明鏡悲白髮
아침에는 검은 비단실 같더니 저녁에는 눈빛처럼 흰 것을	朝如靑絲暮成雪
인생에서 뜻 얻으면 한껏 즐길지니	人生得意須盡歡

황금 술잔 들고 공연히 달을 마주하지 말라	莫使金樽空對月
하늘이 나 같은 재목을 낸 것은 필시 쓸모가 있음이요	天生我材必有用
천금을 다 써 버리면 또다시 돌아오기도 하는 법	千金散盡還復來
양을 삶고 소를 잡아 한바탕 즐기련다	烹羊宰牛且爲樂
모름지기 한번 마시면 삼백 잔이지	會須一飮三百杯

이백이 가진 거의 모든 기질을 한눈에 보여 준다는 이 시는 남성스러운 필치로 전개되면서 세상만사의 근심을 떨치고 좋은 벗과 함께 술 한잔 마시며 인생의 흥을 즐겨 보자 말하고 있다. 호방하고 변화무쌍한 심리, 역동적인 삶에 대한 감성의 떨림이 교묘한 상관관계를 이루면서 중국 최고의 음주시로 거듭났다.

호방함 속에 가려진 인생에 대한 회한과 초라해지는 자신의 몰골을 보며 밀려오는 슬픔을 술로 달래려는 서글픔은 굽이쳐 도도히 밀려오는 황하의 물결과 더욱 대비된다. '필유용(必有用)'이란 시구처럼 자신의 존재를 드러내려는 마음이 진심이로되 그러지 못하는 안타까운 심정을 '일음삼백배(一飮三百杯)'란 시구로 호기롭게 풀어 버리는 것이다. 그러고는 다시 이 시의 마지막에서 "그대와 함께 마시며 만고의 시름 없애려 하노라(與爾同銷萬古愁)"라는 시구를 통해 용솟음치는 감정의 울림을 표출하고 있다.

140

가락이 고상하면 화답이 적다

曲高和寡 | 곡고화과

『문선』

곡조화과(曲高和寡)는 곡조의 수준이 너무 높으면 이해하는 사람들이 적다는 뜻으로, 문장의 품격이 너무 높으면 읽는 사람이 적음을 비유한 것이다. 중국 양(梁)나라 소통(蕭統)이 130권으로 엮은 문장 선집인 『문선(文選)』의 「송옥대초왕문(宋玉對楚王問)」에 이런 이야기가 있다.

전국 시대 말엽 굴원(屈原)의 제자로서 대표적 남방 시인으로 손꼽히던 송옥(宋玉)의 문장은 꽤 유명했다. 그러나 그 문장이 어려워서 제대로 이해하기 힘들었고, 그러니 그 글을 읽는 사람도 드물 수밖에 없었다. 초나라 왕이 송옥에게 비꼬듯 물어보았다.

"대체 무엇 때문에 경의 문장을 읽는 사람이 드문 것이오?"

송옥은 왕의 말뜻을 알아차리고 비유를 들어 말했다.

"어떤 가수가 있었습니다. 어느 날 길에서 노래를 부르는데, 「하리파인(下里巴人)」이란 아주 쉬운 통속 노래를 불렀습니다. 주위에 있던 사람들이 대부분 알아듣고 따라 불렀습니다. 그러나 「양아해로(陽阿薤露)」라는 노래를 부르자 화답하는 사람이 수백 명이었습니다. 「양춘백설(陽春白雪)」이란 노래를 부르자 나라 안에서 화답하는 사람이 겨우 수십 명에 지나지 않았습니다. 봉황은 푸른 하늘을 등에 지고 구름 위까지 오르는데 동네 울타리를 날아다니는 참새가 어찌 하늘의 높음을 알겠으며, 곤(鯤)이라는 큰 물고기를 어항 속의 작은 물고기가 어떻게 알겠습니까? 새 가운데만 봉황이 있고 물고기 중에만 곤이 있는 게 아니고 선비 중에도 이런 경우가 있지 않겠습니까?"

초나라 왕은 송옥의 말을 듣고 더는 말을 잇지 못했다. 고상한 예술이 대중의 선택을 받지 못하는 것은 어찌 보면 당연할 터이니, 대중성보다는 예술성을 선택한 송옥의 고집이 빛을 발한다. 물론 둘 사이에 제대로 된 조화를 이루는 경우도 더러 있기는 하다. 그러나 대중의 기호나 시류에 휩쓸리기보다는 자기만의 색깔을 가지고 일관성 있게 작품 활동을 해 나가는 뚝심이 중요하지 않겠는가. 시류란 글자 그대로 한순간에 사라지는 불꽃과도 같기에 말이다.

141

옛날과 오늘의 변화에 통달하다

通古今之變 | 통고금지변

사마천, 「보임소경서」

통고금지변(通古今之變)은 '고금(古今)'이라는 변화의 축을 통해야 역사를 바로 볼 수 있다는 의미로 맹목적인 복고(復古)와 상고(尚古)를 경계한 말이다. 사마천이 친구 임간에게 보낸 편지인 「보임소경서(報任少卿書)」에서 『사기』를 지은 심경을 밝히며 한 말이다.

"하늘과 인간의 관계를 탐구하고 고금의 변화에 통달하여 일가(一家)의 말을 이루고자 했다.(究天人之際, 通古今之變, 成一家之言.)"

사마천은 방대한 역사서 『사기』를 지으면서 단순히 지나간 역사를 기록하는 것이 아니라 통변(通變)이라는 시각, 즉 고금의 변화라는 역사의 흐름을 잡아 새로운 역사서로서의 영역을 개척해 일가를 이루고자 했다. 역사의 본질에서 변화(變)야말로 역사의 기본 틀이며, 이것이 없다면 역사란 존재의 당위도 없다는 인식이 『사기』의 밑바탕에 깔려 있다.

통고금지변은 바로 『사기』의 서문 격인 「태사공 자서」의 '승폐통변(承敝通

變)'이란 말과 연관되는데, '승폐통변'이란 말은 "시대가 다르면 사안도 다르다.(時異則事異.)"(『사기』「골계 열전」)는 관점으로 확장된다. 이는 사마천이 『사기』를 집필하는 데 고대사보다는 당대사를 집중적으로 다루는 것으로 표출된다. 이러한 이유는 바로 "옛날 법도만을 따라서는 세속을 초월하기 어렵고, 옛날 학문만을 본받아서는 지금을 다스리기 어려운 것이다.(循法之功, 不足以高世; 法古之學, 不足以制今.)"(『사기』「조 세가」)라는 의식을 갖고 있었기 때문일 것이다. 즉 통고금지변은 '순법(循法)'과 '법고(法古)'에 대한 비판에서 나온 것으로 과거 성현의 말씀에 대한 무조건적인 신봉이야말로 오늘을 제대로 바라보지 못하게 되는 걸림돌이라는 관점이다. 하여 사마천은 과거 못지않게 현재를 중시해 고대는 간략화하고 근현대를 상세하게 집필하는 방식을 취했다. 고금의 변화에 두루 통달하고자 한 그의 생각은 시각의 참신성으로 이어지면서 동양 역사서의 근간이요 2000여 년이 지나도 살아남은 위대한 역사서 『사기』를 탄생시켰다.

142

서술하되 짓지는 않는다

述而不作 | 술이부작

「논어」

술이부작(述而不作)은 공자가 스승의 자세와 학문하는 태도를 강조한 말이다. 원문은 이렇다.

"서술하되 짓지는 않고 믿어서 옛것을 좋아하니, 남몰래 나를 노팽과 비교해 본다.(述而不作, 信而好古, 竊比於我老彭)."(『논어』 「술이」)

여기서 '술'이란 선현의 말을 천술(闡述)한다는 의미로서 황간(皇侃)의 주석을 보충하면 "옛 문장에 전해오는 것(傳於舊章)"을 뜻한다. '작(作)'은 새로운 것을 저술한다는 의미로서 주희도 이 글자를 '창시(創始)'의 의미로 보았다. '부작(不作)'이란 잘 알지 못하면서 지어 낸다는 뜻으로 공자 자신은 그렇게 하지 않는다는 생각을 갖고 있다. 노팽은 팽조(彭祖)를 가리키는데, 더러는 노자와 팽조라는 설도 있으나 타당성이 부족하다. 『대대례』에서 "옛날 상나라의 노팽 및 중훼(昔商老彭及仲虺)"라는 말이 있는 것이 그 근거다.

술이부작은 "아마 알지 못하면서도 창작하는 자가 있겠지만, 나는 그런

적이 없다.(蓋有不知而作之者, 我無是也.)"(「술이」)라는 문장과 같은 맥락으로
이해하면 좋다. 『논어』「위정」 편에서도 "옛것을 익히고 새로운 것을 알면
스승이라고 할 수 있다.(溫故而知新, 可以爲師矣.)"라고 하여 '온고지신'을 스승
의 자격으로 보았던 공자는 복고 정신에 입각한 자신의 학문 방향을 분명
히 드러내면서 선현의 학문을 존중하고 창작보다는 서술에 무게 중심을 두
었던 것이다.

공자의 관점은 바로 현재 역시 과거의 연장이며, 미래 역시 현재의 확장
이라는 측면에서 이해해야 마땅하고, 모름지기 스승은 미래에 펼쳐질 일을
정확히 파악하여 그것에 대처할 능력을 구비해야 한다는 것이다. 따라서
'술이부작'이란 과거에 예속되라는 것이 아니라, 과거에서 현재로 이어지는
시대 변화의 흐름을 제대로 파악하지 못하고 섣부른 예측이나 어설픈 독
창성을 내세운 독단적인 학문 태도나 아집은 좋지 못한 결과로 이어진다는
경고의 메시지로 보아야 한다. 이 말이 '신이호고'라는 말과 함께 거론된 것
은 바로 이런 이유 때문이다.

143

한 글자에 일천 금

一字千金 | 일자천금

『사기』

일자천금(一字千金)은 짜임새 있는 문장 구조와 정묘(精妙)한 문사(文辭)를 비유한 말로 아주 뛰어난 글자나 시문을 일컫는다. 일자연성(一字連城)이라고도 한다. 『사기』 「여불위 열전」에 나오는 말이다.

진(秦)나라 왕의 서얼로 조나라에 인질로 와 있던 자초(子楚)의 사람됨을 알아보고 그를 태자 자리에 올려놓은 뒤 자신이 데리고 있던 임신한 첩을 자초에게 주어 훗날 진시황의 생부가 된 이가 바로 여불위다. 자초가 장양왕(莊襄王)이 되자, 여불위는 승상이 되었고 문신후(文信侯)에 봉해졌으며, 하남 낙양의 10만 호를 식읍으로 받았다. 3년 만에 죽은 장양왕의 뒤를 이어 태자 영정(瀛政, 훗날의 진시황)이 왕위에 오르자, 그의 위세는 더 막강해졌고 그의 집은 늘 문전성시를 이루었다.

당시 전국 4공자로 일컬어지던 위나라의 신릉군, 초나라의 춘신군, 조나라의 평원군, 제나라의 맹상군처럼 여불위도 선비를 존중했기에 그의 식객은 3000명까지 불어났다. 여불위의 원대한 기획은 진나라의 번영과 강성을 위한 보다 확고한 사상적 기반을 마련하는 데로 집중되었다. 그는 법가만을 중시하는 진왕의 정치 스타일을 보완하기 위해 초기의 도가와 유가 사상을 주축으로 삼고 법가, 농가, 묵가, 음양가 등 제자백가의 장점을 두루 수용하여 새롭게 조명하는 과정을 거쳤다. 물론 그의 문하의 식객들 도움을 받아서 말이다. 그러고는 크게 「팔람(八覽)」, 「육론(六論)」, 「십이기(十二紀)」 등 세 부로 나누고 20만 자가 넘는 방대한 규모의 책을 만들어 천지, 만물, 고금의 일을 두루 다루었으며, 『여씨춘추(呂氏春秋)』라는 이름을 붙였다. 그러고는 이 책을 수도 함양의 저잣거리의 문 앞에 펼쳐 놓고 천하의 선비들과 빈객들에게 이렇게 말했다.

"한 글자라도 더하거나 뺄 수 있는 자에게는 천금을 주겠다.(有能增省一字者, 予千金.)"

당시 내로라하는 문장가들과 글줄깨나 읽는다는 자들이 앞다투어 『여씨춘추』의 문장에 손을 대려고 했지만 한 글자도 고치지 못했다고 한다.

144

푸른 잎이 그늘을 만든다

綠葉成陰 | 녹엽성음

두목, 「창시」

여자가 결혼하여 자녀가 많은 것을 비유하는 녹엽성음(綠葉成陰)은 당나라 시인 두목(杜牧)의 시에서 나온 말이다. 두목은 명문 귀족 출신답게 26세에 진사에 급제했으나, 한동안 막부(幕府)의 각료나 지방관을 지내는 등 벼슬길이 순조롭지 않았다. 높은 벼슬을 하면서도 만족하지 않았고, 양주(陽州), 진주(秦州)의 환락가를 두루 돌아다니기도 했던 기인이었다. 서정적인 시를 잘 지어 대두(大杜) 두보에 견주어 소두(小杜)라고 일컬어졌다. 송나라 계유공(計有功)의 『당시기사(唐詩紀事)』 「두목」 편에 이런 이야기가 나온다.

두목이 호주(湖州)를 유람하던 때의 일이다. 어떤 여인과 마주쳤는데, 그 여인이 데리고 있던 열 살 남짓한 어린 딸아이가 두목의 마음을 사로잡을 만큼 빼어난 얼굴이었다. 호탕한 성격의 두목은 자신도 모르게 그 딸에게 마음이 끌려 여인에게 말했다.

"10년 뒤 이 아이를 제 아내로 맞이하고 싶습니다. 만일 10년이 지나도

제가 나타나지 않으면 다른 사람에게 시집보내십시오."

그 여인도 흔쾌히 승낙했다. 그러나 두목이 호주를 다시 찾은 때는 약속한 10년보다 4년이나 더 지난 뒤였다. 그녀의 행방을 수소문해 보니 이미 3년 전에 다른 남자에게 시집가 자식들을 두고 있었다. 실망한 두목은 안타까운 마음에 시 한 수를 지어 자신의 마음을 이렇게 나타냈다.

그로부터 봄을 찾았으나 좀 늦게 갔기에 　　自是尋春去較遲

꽃다운 날 원망하여 슬퍼할 수도 없구나 　　不須惆悵怨芳時

거센 바람이 진홍색 꽃을 다 떨어뜨리고 　　狂風落盡深紅色

푸른 잎이 그늘을 만들어 열매만 가득하네 　綠葉成陰子滿枝

이 칠언절구는 제목이 없었으나 당시 사람들이 '창시(愴詩)', 즉 슬픈 시라고 일컬었다. 세월이 흘러도 마음 한편에 자리 잡고 있던 그 아리따운 여인은 이미 없다. 지키지도 못할 약속을 한 게 그저 안타까울 뿐이었다. 훗날 이 시는 제목이 '탄화(嘆花)'로 바뀌었다고도 전해온다. 바뀌지 않은 것은 그녀를 향한 두목의 순수한 마음뿐이었을까.

145

도를 말할 수 있으면 영원한 도가 아니다

道可道非常道 | 도가도비상도

「노자」

도가도비상도(道可道非常道)는 말로 형상화된 도는 본래 의미를 상실한 도라는 의미로서 『노자』 1장의 첫머리에 나오는 말이다.

노자에게 '도(道)'는 완전하고 영원하며 포괄적인 존재다. 빛도, 소리도, 모양도 없는 것이기에 말로 표현할 수 없는 그 무엇에 불과하다. 즉 '도'는 모든 감각과 지각을 초월하고 있으면서 삼라만상의 근원에 실재하는 신비한 속성을 지닌 것이다. 그런데 인간의 말(언어)의 한계(혹은 속성)로 인해 이런 도의 본질을 일그러뜨리는 일이 허다하므로 노자는 오히려 말이 참다운 인식의 방해물이라고 생각했다. 그는 도는 스스로 그냥 있는 존재 일반을 가리키며, 스스로 그냥 있는 것이란 언어로 표현되기 이전의 것을 의미하므로 '현지우현(玄之又玄)', 즉 현묘하고 현묘한 것으로 모든 현묘함의 문(衆妙之門)이라고 했다. 그러기에 도는 그 의미를 그대로 간직하기 위해서는 말로 표현되기 이전의 상태를 고수해야 한다는 것이다. 이미 개념화된 도, 말이나 언어로 표현된 도는 우리의 관념 속에 고정되고 추상화되어 버린 것이기에 이미 실재적 도의 의미는 상실되어 버린 것이라는 주장이다. 언어를 초월하여 도를 이해하려고 해야 도에 대한 최소한의 접근이 이루어질 수 있다.

노자는 "아는 이는 말하지 않고, 말하는 사람은 알지 못한다.(知者不言, 言者不知.)"(『노자』 56장)라고 말하기도 했다. 이 구절은 말을 내세우는 자는 진정한 의미의 도를 알지 못한다는 의미로 해석된다. 그럼에도 노자가 자신이 체득한 도의 의미를 5000자라는 적지 않은 글자로 남겨 놓았다는 점은 역설적이다.

임금의 사위

駙馬 | 부마

『수신기』

부마(駙馬)는 본래 왕의 행차에 여벌로 준비한 예비용 수레인 부거(副車)를 끌던 말을 뜻했다. 동진의 간보가 편찬한 설화집 『수신기』 권16에 이런 이야기가 있다.

전국 시대 농서(隴西) 땅에 신도탁(辛道度)이라는 한 젊은이가 살고 있었다. 그는 학문이 뛰어난 스승을 찾아 옹주(雍州)로 향했는데, 불과 몇 리 앞두고 날이 저물어 더 이상 갈 수가 없었다. 그는 하룻밤 머물 만한 곳을 찾다가 큰 기와집을 발견하고는 다가가 문을 두드려 하룻밤 묵겠다고 했다. 방으로 안내된 그에게 주인 여자가 말했다.

"저는 진(秦)나라 민왕(閔王)의 딸로서 조(曹)나라로 시집갔다가 남편과 사별한 지 23년이 되었습니다. 오늘 당신이 찾아 주셨으니 저와 부부의 연을 맺어 사흘만 머무십시오."

사흘이 지난날 아침에 그 여자는 어두운 얼굴로 신도탁에게 말했다.

"당신은 산 사람이고 저는 귀신입니다. 함께 더 있고 싶지만 사흘 밤 이상 머무르면 재앙이 생기게 됩니다."

그러고는 즉시 금 베개를 하나 주고는 작별 인사를 했다. 신도탁은 어찌 된 영문인지 몰라 어리둥절하며 방문을 나섰다. 신도탁은 대문을 나선 다음 발길이 떨어지지 않아 뒤를 돌아보았다. 그런데 큰 기와집은 온데간데없고 무덤 하나가 있을 뿐이었다. 신도탁은 놀라 도망치듯 그 자리를 떠났다. 한참 내달리다 멈춰 서서 가슴을 보니 금 베개를 여전히 끌어안고 있었다.

진나라에 도착한 신도탁이 금 베개를 팔려고 내놓았는데 마침 시장을 지나던 진나라 왕비가 발견하고는 갖게 된 경위를 추궁했다. 신도탁은 그간의 정황을 빠짐없이 말했지만 왕비는 믿지 못해 공주의 무덤을 파 보도록 했다. 무덤을 파고 관을 열어 보니 다른 부장품은 다 있는데 금 베개만 없어졌고, 시신을 조사해 보니 부부의 정을 나눈 흔적이 완연했다. 그러자 왕비는 "내 딸이 죽은 지 23년이 되었으나 산 사람과 정을 통했으니 이자야말로 진정한 사위로구나."라 말하고는 신도탁을 부마도위로 임명하고 많은 보물을 주었다.

147

홀로 낚시질하는데 차가운 강엔 눈이 내리네

獨釣寒江雪 | 독조한강설

유종원, 「강설」

은거하며 사는 낚시꾼의 청고한 삶을 말하는 독조한강설(獨釣寒江雪)은 당나라 오언절구의 절창으로 꼽히는 유종원(柳宗元)의 「강설(江雪)」이란 작품에 나온다.

온 산에 새 날지 않고	千山鳥飛絶
온 길에 사람 발자취 없는데	萬徑人踪滅
외로운 배엔 도롱이에 삿갓 쓴 노인	孤舟簑笠翁
홀로 낚시질하는데 차가운 강엔 눈이 내린다	獨釣寒江雪

쪽배에 도롱이 입고 삿갓 쓴 늙은이가 눈 내리는 가운데 낚시질하는 모습이 한 폭의 그림을 펼쳐 놓은 듯한 이 시는 배경 묘사가 탁월하다. '온 산(千山)'과 '온 길(萬徑)'로 광활한 정경이 펼쳐지지만, 이 시어들은 '외로운 배

(孤舟)'와 '홀로 낚시질한다(獨釣)'는 말과 대비되어 고독한 감정을 자아내며, '절(絶)'과 '멸(滅)'은 세상의 절대적 고요와 평화를 드러낸다.

전반부가 초연하고 고고한 경지를 느끼게 하는 정적인 분위기였다면, 후반부는 눈과 노인을 등장시켜 동적인 분위기를 만들어 낸다. 노인의 주변은 눈으로 뒤덮였고, 산도 길도 새하얗다. '눈〔雪〕'은 순결과 탈속한 경지를 암시하며, '차가움(寒)'은 정치적 고뇌와 갈등을 거듭해 왔던 작자 내면의 고독을 의미한다. '한강설(寒江雪)'은 이 시의 화룡점정이다. 그리고 세상의 온갖 풍파를 겪어 온 작자의 마음이 '독조(獨釣)'라는 시어에 오롯이 녹아 있다. 유종원은 총명한 어린 시절을 거쳐 나이 서른에 감찰어사가 되었지만 정치 개혁에 적극 가담했다가 실패하여 영주사마로 좌천되고 또다시 유주자사로 옮기는 등 부침이 심한 삶을 살았다. 치열한 삶을 보낸 회한이 이 시에 녹아 들어가 있는 것이다. 낚시질하는 노인으로 표상되는 시인은 속된 세상을 벗어나 그저 늘 한결같은 자연과 동화되고자 한다. 담담하고 그윽하며 청아한 모습으로 말이다.

148

그것을 명산에 감춰 두다

藏之名山 | 장지명산

『사기』

장지명산(藏之名山)은 제대로 된 평가를 위해 깊이 감춰 두고 기다린다는 의미로, 사마천이 『사기』 130편을 완성하고 나서 이 책이 몰고 올 파장에 대한 두려움으로 한 말이다.

"그것(정본)을 명산에 감춰 두고 부본(副本)은 수도에 두어 후세 성인군자들의 열람을 기다린다.(藏之名山, 副在京師, 俟後世聖人君子.)"(『사기』 「태사공자서」)

부친의 유언을 받들어 방대한 역사서 『사기』를 완성한 사마천은 인간과 권력을 다룬 이 책의 예사롭지 않은 운명을 예감했다. 그의 말처럼 『사기』는 오랫동안 왕실과 역사가들에게 외면받은 채 몇 세기를 보내야 했다. 『사기』보다 90년 늦게 나온 반고(班固)의 『한서(漢書)』와 달리, 『사기』는 도가와 병가, 잡가 등 제자백가를 두루 다루어 한 대의 국가 이념인 유학에 배치된다는 인식 때문이었다. 사마천은 자객과 골계가, 점쟁이, 유세가, 의사 등 당시 세상의 소외자들을 과감히 역사의 주류로 등장시켰다. 예를 들어 형가가 연나라에서 거문고와 비슷한 악기인 축(筑)의 명수 고점리와 비파를 타면서 술 마시고 노래하던 호방한 모습, 그가 태자 단의 눈에 들어 진시황 암살 계획을 도모하는 이야기들은 사마천이 아니면 쓰기 힘든 소재였다. 더욱이 사마천에게 궁형의 치욕을 안긴 한 무제에 대한 비판적 서술이 문제였다. 무제는 사마천이 『사기』에서 아버지 경제(景帝)와 자신의 치부를 밝혀 신랄하게 비판한 것을 보고 매우 노여워하며 이 두 본기(本紀)를 폐기하도록 지시했다고 했을 정도였으니 말이다.

그러나 『사기』는 곧 그 진가를 드러내었다. 당나라의 문장가 유종원은 『사기』를 '웅심아건(雄深雅健)'이라고 평가하면서 문장 학습의 기본으로 삼았고, 구양수는 애호가로서 『사기』를 즐겨 읽으면서 글을 지을 때 이용하기도 했다. 『사기』의 위상은 청 대에 기윤과 조익, 장병린 등에 의해 더욱 확고해졌으며 근대 중국의 루쉰에 의해 '천고(千古)의 절창(絶唱)'이라는 칭송을 들었다.

149

밀고 두드린다

推敲 | 퇴고

『당시기사』

퇴고(推敲)는 시문을 지을 때 글자나 구절을 정성껏 다듬고 고치는 것을 가리키며 추고(推敲)라고도 한다. 이 말의 유래는 『당시기사』「가도(賈島)」편에 나온다.

당나라 때 시인 가도가 어느 날 노새를 타고 길을 가다가 문득 시상이 떠올라 알 수 없는 손짓을 하며 시를 짓기 시작했는데, 「이웅의 그윽한 거처에 붙인다(題李凝幽居)」라는 오언율시였다. 그중 앞의 네 구를 소개하면 이렇다.

한가로이 사니 이웃도 드문데	閒居隣竝少
풀숲 오솔길은 거친 정원으로 들어간다	草徑入荒園
새는 연못가 나무에서 자는데	鳥宿池邊樹
중이 달 아래에서 문을 두드린다	僧敲月下門

가도가 친구 이응을 만나러 갔다가 만나지 못한 감정을 노래한 것이다. 이 작품의 명구로 꼽히는 4구에서 가도는 '두드린다'는 의미의 '고(敲)' 자가 좋을지 아니면 '민다'는 의미의 '퇴(推)' 자가 좋을지 고민하다가 당시 경조윤(京兆尹, 수도의 장관)인 한유의 행차를 침범하는 바람에 한유에게로 끌려갔다. 얼떨결에 끌려간 가도가 고개를 들어 보니 당시 최고의 문장가이면서 유학자로 명성이 높았던 한유가 눈앞에 있었다. 가도는 당황했지만 자신이 길을 비키지 못한 까닭을 상세히 말했다. 그러자 한유는 잠시 생각하더니 민다(推)고 하는 것보다는 두드린다(敲)고 하는 게 나을 듯하다고 했다. 가도는 한유의 제안을 받아들여 시구를 고쳤고, 함께 나란히 말을 타고 가며 시에 관해 논했다. 그 뒤로 이들은 둘도 없는 시우(詩友)가 되었다.

한편 초당(初唐)의 시인 왕발은 「등왕각」을 지어 문명(文名)을 날렸는데, 며칠 동안 사색에 잠겼다가 일필휘지로 시를 쓰니, 마치 배 속에 이미 원고를 담고 있는 듯했다고 한다. 그래서 생긴 말이 복고(腹稿) 또는 묵고(默稿)라는 말이다. 이백을 두고 하지장이 '술 한 말에 시 백 편(一斗詩百篇)'을 썼다고 찬탄하기도 했지만, 그 어떤 작가도 퇴고 과정 없는 작품은 나오지 않는 법이다.

150

의심스러운 것은 의심되는 대로 전한다

疑則傳疑 | 의즉전의

『사기』

의즉전의(疑則傳疑)는 과거의 권위에 대해 맹목적으로 신봉하기보다는 스스로 검토해 보아 타당성이 부족하다고 생각하면 그대로 남겨 두어 후세의 정확한 판단을 기다린다는 사마천의 역사 서술 원칙 가운데 하나다.

사마천은 「삼대세표(三代世表)」 서문의 말미에서 자신의 작업을 이렇게 요약했다. 전설상의 황제로부터 공화정에 이르는 삼대를 표로 기록하면서 은나라 이전의 제후에 관한 일은 자료를 구하여 보첩(譜諜)으로 만들 수 없고 주나라 이전의 역사만 겨우 기록했다. 노나라의 역사는 공자가 편찬한 『춘추』라는 책에 의거해 시간과 일월을 바로잡았는데 비교적 상세한 결과를 도출했다. 그러고는 다시 말한다.

"순서에 따라 엮은 『상서』는 간략하여 연월이 없는데, 간혹 나타나 있는 곳도 있으나 대부분 없어진 데가 많아 기록할 수 없다. 그래서 의심스러운 것은 의심되는 대로 전하였으니 아마도 신중하다고 할 것이다.(至于序尚書則

略, 無年月; 或頗有, 然多闕, 不可錄. 故疑則傳疑, 蓋其愼也)."

　사마천은 참조할 자료가 현저히 부족하거나 심지어는 전혀 남아 있지 않은 삼대 때의 연표를 작성하기 위해 적지 않은 애로가 있었고, 설령 자료를 구했다고 해도 판본마다 내용이 상이해 힘겨운 작업이 될 수밖에 없었다. 그럼에도 그는 추측이나 다른 사람의 설에 의존하지 않고 최대한 실제 사료에 근거해 서술하기 위해 노력했다. '의즉전의'의 역사 서술 원칙은 사마천이 연표뿐 아니라 『사기』 130편 전편에 걸쳐 일관되게 적용한 것이며, 직접 답사하여 취재하는 과정에서도 거의 예외 없이 이 원칙에 따랐다.

151

흰 머리털 삼천 길

白髮三千丈 | 백발삼천장

이백, 「추포가」

백발삼천장(白髮三千丈)은 노인의 머리카락이 많이 자랐음을 과장되게 표현한 것으로 술과 낭만의 시인인 이백의 시구에 나온다. 세속의 공명과 탈속의 경지를 늘 추구했던 시선(詩仙) 이백은 당 현종의 총애를 한 몸에 받아 함께 배를 타면서 풍류를 즐겼으며, 그가 시를 쓸 때 양귀비가 먹을 갈았다는 이야기도 있을 정도로 전해지는 일화도 많다. 달을 벗 삼아 술을 마시며 거칠 것 없는 자신의 흥겨운 삶에 마냥 취해 버리기도 하는 등 그야말로 감정의 변화무쌍함을 즐긴 시대의 광인(狂人)이었던 것이다.

그러나 세월은 어찌할 수 없는 법. 「추포가(秋浦歌)」라는 시를 통해 이백은 그 자신 또한 어쩔 수 없는 초로의 한 범인으로 돌아가고 있는 듯하다. 「추포가」는 15수의 연작시로 이루어졌는데, 이백이 쉰다섯 살에 영왕(永王) 이린(李璘)의 거병에 가담한 죄로 유배되었다가 사면된 후 지은 것으로 모든 시행이 애수에 젖어 있다. 「추포가」의 열다섯 번째 작품이 바로 이것이다.

백발 삼천 장　　　　　　　　　　白髮三千丈

시름 때문에 이처럼 자랐나니　　　緣愁似個長

알 수 없구나, 밝은 거울 속의 몰골은　不知明鏡裏

어디서 가을 서리 맞았는지　　　　何處得秋霜

'삼천장(三千丈)'이란 과장된 시어로 시인 내면의 깊은 시름을 표현하면서 시상을 열고, 흰빛 가을 서리로 '백발'의 자아를 대변하며 노년의 슬픔을 노래하고 있다. '백(白)'은 슬프고 초췌한 감정의 색채이다. '사개(似箇)'란 시어는 '여차(如此)'의 구어적 표현으로서 '이처럼', '이와 같이'라는 의미다. 또한 '득(得)'은 작자가 반평생 동안 받은 치욕과 고통을 말하고 있다. 첫 구의 '백발(白髮)'이란 시어는 맨 마지막 구의 '추상(秋霜)'이란 시어와 이어지며 작품의 분위기를 애상의 극치로 몰아간다.

'한번 마시면 삼백 잔이지(一飮三百杯)'(「장진주」)라고 할 정도로 풍류 기질이 강했던 이백. 그러나 이 시에는 이순을 눈앞에 둔 자신의 삶에 대한 회한이 묻어난다. 이백은 이 시를 쓰고 몇 년 뒤에 생을 마감했다.

매일 읽는 중국 고전

1일 1독

1판 1쇄 펴냄 2013년 3월 8일
1판 6쇄 펴냄 2013년 9월 10일

지은이 김원중
발행인 박근섭·박상준
편집인 장은수
펴낸곳 (주)민음사

출판등록 1966. 5. 19. 제16-490호
주소   서울시 강남구 신사동 506번지 강남출판문화센터 5층 (135-887)
대표전화   515-2000 | 팩시밀리 515-2007
홈페이지 www.minumsa.com

ⓒ 김원중, 2013. Printed in Seoul, Korea

ISBN 978-89-374-8667-8 (03910)